# 大学就職部にできること

大島真夫

勁草書房

# はしがき

これから就職活動に臨もうとしている学生は、日本が好景気だった時代を肌感覚として知らない。経済はいつでも下り坂、政治・社会システムは機能不全を起こしていて、中国・韓国の後塵を拝することが珍しくなくなった。大学を卒業すればとりあえず就職には困らないというのは一九九〇年代初頭までのことで、現に就職率（四年制大学卒業生）は一九九二（平成四）年に七九・九％を記録したあとに急降下をし、二年後の一九九四（平成六）年にはほぼ一〇ポイント減の七〇・五となり、その後は一度も七〇％を越えたことがなかった（二〇一一（平成二三）年まで）。いまの学生にとって、大卒就職というのは基本的には幸せな話ではない。幸せではない中で、よりましな選択は何かを考えなければいけない。暗い時代にあっても明るい未来を描くことのできる学生はもちろんいるが、よりましな選択を迫られる学生もたくさんいる。そうした学生に対するフォローも大学は求められているのではないか、と私は感じている。

さて、本書の書名を決める日のことである。

「大学就職部にできること、でいかがですか。」

編集担当の松野さんがこう提案してくれた。正直に言って、私は少し面食らった。事前にこちらで用意していた案は、『日本の大学就職部』『大学就職部の社会学』『大学生の就職と大学就職部』の三つで、同じものはおろか近いものすらなかったからだ。私が考えていた案には、私なりの狙いがあった。まず、大学就職部という言葉は盛り込みたかった。この本では、最初から最後まで大学就職部のことを論じているからだ。もう一つの狙いは、この本がハウツー本や指南本の類ではないということをアピールしたかった。私の専攻する教育社会学では、当為と事実を区別せよと教科書に書いてあって、当為、すなわち「どうあるべきか」という議論ではなく、事実として今どうなっているかを描くことが求められている。こうした学問的伝統を守っていますよ、ということを書名でアピールしたかった。他にもいくつかの条件を加味した上で、先ほどの三つの案に絞り込んだ。

しかし、私の案ではいくつか表現し切れていないこともあった。第一に、この一〇年ほどの間、大学就職部が岐路に立たされていることである。大学就職部は、学生の就職活動を支援している学内の事務部署である。昨今はキャリアセンターなどと名乗ることも多く、就職説明会などのイベントを開催したり、学生からの進路相談に応じたりすることを業務としている。従来は就職活動が本格化する直前から支援を始めていたのだが、二〇〇〇年代に入ると、大学低学年次から学生に対する働きかけを開始し、職業に対する意識を高めたり、自らキャリアを形成していく力を身につけさせたりすることが必要だと言われるようになってきた。背景には、大学卒業者の就職状況の悪化、大学全入時代の到来に伴う学生の多様化などがある。大学就職部も事情は十分理解していて、単なる支援・指導ではなく教育が必要なことは重々承知なのだが、これは実はすぐに取り組める課題ではないというところで悩みを抱えている。というのも、大学で教育に携わるのは事務職員ではなく教員とされてきたからだ。事務部署である大学就職部が教育を担当することは大きな困難を伴うことであった。進むべき方向はわかっていても何をどこから始めれば良いのかという状態で、試行錯誤が繰り返されてきている。

第二に、私がクローズアップするのは大学就職部が行う業務の中でも就職斡旋だという点である。現在の大学生は、基本的には学生自身が直接会社に採用選考申込を行う。ただ、大学就職部による就職斡旋を受ける学生もわずかながらいて、詳細はあとで述べるが、だいたい一〇%程度が就職斡旋を利用している。わずか一〇%足らずの学生の動向になぜ着目するのか、この疑問を解き明かすことこそが本書の大きな課題であるのだけれども、このことが私の書名案には表現できていない。

それと比べると、「大学就職部にできること」というタイトルは、私が言いたいことを端的に表現してくれている。「できること」という表現は、他方で「できないこと」があることも意味している。そして、できるかできないかを問われていることも前提にしている。岐路に立たされている大学就職部にぴったりの言葉だ。「できること」「できないこと」の選択肢として学生に対する教育や就職斡旋が該当することは、おいおい本文の中で説明をしていくことになる。

本書の構成は以下のとおりである。

第一章では、大卒就職をめぐる近年の動向を、どういう研究がなされてきたかを紹介しつつまとめている。第二章は、大学就職部による就職斡旋の歴史を振り返ったものだ。第三章は、筆者が行った大学就職部職員の方へのインタビュー調査をまとめて、就職斡旋の役割について考察している。第一章から第三章までで、本書の全体的な見取り図が描かれることになる。第四章から第六章までは、全国規模で行われたアンケート調査の分析を行っている。第一章から第三章までで描いた見取り図を、アンケート調査の分析結果で裏付けようというのが狙いである。最後に終章では、大学就職部が行ってきた就職斡旋の成果と意味について、総括的な議論を行っている。

本書を通じて、大学就職部がこれまでに何をやってきてどういう成果を上げてきたのか、それは学生や企業や大学にとってどういう意味があったのかということを明らかにしていきたい。

# 大学就職部にできること／目　次

はしがき

第一章　新規大卒労働市場における大学就職部……1
1　変わるもの・変わらないもの　1
2　社会問題化する「学校による就職斡旋」　4
3　「学校による就職斡旋」に関する議論への二つの疑問　8
4　市場における制度の役割を問うというまなざし　15
5　大人への移行メカニズム研究　18
6　スキル・コンピテンシー論　23
7　就職活動期間見直しの議論　26
8　分析の視角と本書の課題　28
9　使用するデータ　30
第二章　斡旋からガイダンスへ――大学就職部業務の歴史的変遷……37
1　大学就職部の登場　38

2 就職協定下の就職斡旋 42
3 大学による就職斡旋の衰退 47
4 自由応募制時代の到来と就職活動シーズンの「早期・晩期」 54
5 就職協定廃止後の就職活動スケジュールと「早期・晩期」 59
6 大学就職部の業務と「早期・晩期」の関係 62
7 「早期・晩期」の意味するもの 66

第三章 就職斡旋における大学就職部の役割——学生の選抜・企業の選抜 ……73
1 就職斡旋プロセスと紹介者の果たす役割 74
2 求人申込 76
3 求人票の公開——良い企業と悪い企業 81
4 企業の選抜——企業選択の指導 86
5 学生の選抜 93
6 就職支援に力を入れるのはなぜか 97
7 自由応募制時代における就職斡旋の意味 100

第四章　誰が大学就職部を「利用」するのか——機会という観点からの分析……103
1　「利用者は誰か」を問うことの意味　104
2　就職部利用に関する先行研究の状況　106
3　大学生活と大学第一世代　113
4　分析に用いる変数　115
5　世代・性・大学ランクによる利用の違い　117
6　就職部を利用しているのは誰か　120
7　開かれている就職部利用の機会　125
第五章　誰が大学就職部を「経由」するのか——斡旋を受ける機会……131
1　斡旋就職者の特徴を浮かび上がらせる方法　131
2　先行研究における斡旋の扱われ方　134
3　先行研究に見る斡旋就職者の特徴　140
4　分析の方法と用いる変数　145

5　入職経路の分布と階層要因の効果　150
6　大学成績・大学生活の効果と晩期における違い　154
7　開かれている就職斡旋の機会　159

第六章　大学就職部「経由」の効果……163

1　就職活動の結果を問うことの意義　163
2　先行研究における初職の扱われ方　165
3　分析の方法と用いる変数　169
4　入職経路別に見る初職の状況　175
5　初職に対する性・世代・大学ランクの効果　180
6　初職に対する階層要因・大学生活の効果　184
7　学生の選抜を行わない大学就職部　191

終章　セーフティネットとしての大学就職部……195
1　分析の結果の整理　195
2　大学は教育機関であり斡旋機関でもある　200
3　選抜の双方向性　204
4　大学就職部における「企業の選抜」　208
5　晩期に行われる大学就職部の斡旋　210
6　セーフティネットとしての大学就職部　213

あとがき……221

文献

索引

# 第一章　新規大卒労働市場における大学就職部

## 1　変わるもの・変わらないもの

大学就職部からキャリアセンターへ。

この一〇年あまりの間に、大学就職部の組織名称を変える大学が相次いで出てきた。背景には、単に就職活動のノウハウを教えるだけではダメだという危機感があった。これからの時代は、誰にも頼らず自分でキャリアを形成していかなければいけない。そうした時代に必要な力を身につけさせるような新しい指導を展開していく必要がある。そう考えて名称を変更した大学は多かったのではないだろうか。新しい名称にふさわしいこれまでにないような取り組みとして「大学就職部にできること」は何かないのか。そのような問いをここ何年かずっと考え続けているという大学も少なくないだろう。

時代の変化を敏感に感じ取って自らも変化していくことは、とても素晴らしいことだ。ただ、他方で、必要以上に変化を求められるようになった一〇年間でもあったのではないか。大学全入時代になって常に何か新しさを出さないと学生集めができなくなったとか、文部科学省から補助金を獲得するためには新規の取り組みを数年おきに考え出さなければならなくなったとか、大学評価で悪く書かれないために常に改革の姿勢を見せ続けなければいけなくなったなど、変化を強要するような風潮があったことは否定できないのではないか。いつしか変化すること自体が目的になっていて、変えてはいけないものまで変えてしまっていないだろうか。変化することに気を取られるあまり、他の大切なことがおろそかになってはいないだろうか。

雑駁な感想から書き始めてしまったが、ここ一〇年ほど大卒就職研究に取り組む中で、今述べてきたようなことをだんだんと感じるようになってきた。そうした感覚が、本書を書く動機にもなっている。大卒就職を見ていると、「変化」が強調される場面にしばしば出くわす。つい数年前に、何かの文章を読んでいたら「ｗｅｂ２・０時代に対応したキャリア形成支援」などという話が出てきてびっくりした記憶がある。本書を二〇一二年にお読みいただいている読者の方は「ｗｅｂ２・０なんて、そんなのもあったね」と懐かしんでいただけるかもしれないが、出版から数年たったあとにお読みいただいている読者の方はおそらく「ｗｅｂ２・０って、なんだそれは」ということになっているだろう。

web2・0はちょっと極端な例かもしれないが、インターネットの登場時も同じようなことが言われていた。リクナビなどの就職支援WWWサイトが登場し、採用申込もWWWサイトからできるようになり、学生同士の情報交換がメーリングリストやインターネット上の掲示板で行われるようになって、就職活動は劇的に変化したと言われた。確かに、その少し前までは、就職活動時期になると頼んでもいないのにリクルートブックが送られてきて、採用申込のために資料請求ハガキをせっせと書いていたことを思い浮かべると[1]、学生や企業や就職情報会社の行動は大きく変わったと言えよう。しかし、ちょっと一歩引いてみると、そうした変化の一方で変化していないことも存在することに気づく。インターネットの登場が変えたのはハガキからWWWへという学生と企業との交渉の仕方であって、何のためにその交渉をするかという目的部分についてはインターネットの登場にもかかわらず変化しなかった。つまり、いわゆる有名大企業が就職活動シーズンの開始とともに採用活動を始めていくそのきっかけとして、資料請求ハガキやWWWでのエントリーが利用されているのである。もちろん、インターネットが何の変化も及ぼさなかったとは考えていない。しかし、変化した部分にだけ着目していると、その陰で変化しなかったものを見落としてしまいがちになるという点は気をつけなければいけないと思う。

本書がテーマとする大学就職部による就職斡旋も、一九七〇年代に大きな変化を遂げてからはあまり大きな変化をせずに今に至っている。現在、大学就職部からキャリアセンターへという変化の流れの中で、就職斡旋は古くから存在するという意味で、軽んじられたり、時には改革の対象とされたりもしている。研究対象としても、世間の風潮を反映するかのように、あまり注目をされてこなかった。ただ、本書が明らかにしていくように、就職斡旋の取り組みは、大卒就職において不利な人を救うという意味で非常に重要な役割を果たしてきている。また、研究面でも、新規学卒労働市場における学校の存在意義や、就職採用活動の過程における選抜のあり方について考えさせてくれる好材料になっている。変化が強調される時代にあって変化していないものに目を向けて、以下考察を進めていきたい。

なお、最初にお断りをしておくが、本書において考察の対象とするのは、主に人文・社会科学系の大学（学部・学科）における話である。大学生の就職活動は学部によって様子が異なる面がある。たとえば、医師や教員などの専門職の就職、あるいは工学部における研究室が関与するような就職のあり方などを思い浮かべていただければよい。ただ、人文・社会科学系の学生が全体の半数以上と、大学生の中核を占めていること、さらに人文・社会科学系の学生が行う就職活動が大学生の就職活動の標準として位置づけて差し支えないことから、このような限定を加えることにした。(2)

## 2　社会問題化する「学校による就職斡旋」

ここからは、本書の研究上の問題関心と意義について述べていきたい。

大学就職部による斡旋は、やや抽象的な概念でくくれば「学校による就職斡旋」の一部ということになるが、この「学校による就職斡旋」が近年社会問題化している。一九九〇年代後半以降、高卒無業者、フリーター、ニートと若年者の就業問題が次々と登場する中で、「学校による就職斡旋」は若年者の就業問題を悪化させる原因として、克服すべき対象とみなされるようになった。

まず批判の的になったのは高校生の就職斡旋をめぐるさまざまな制度・慣行であった。よく知られているように、高校生の就職斡旋には学校がさまざまな形で関与している。たとえば、企業による無秩序な求人活動から生徒を守るため、学校・職安・企業団体の間で就職協定を取り結び、採用や選考のスケジュールを細かく定めている。解禁日前に企業と生徒が直接会うことは制限され、採用選考プロセスはまずは学校による事前選抜からスタートする。つまり、企業に推薦する生徒を決めるために学校が成績等の基準を用いてあらかじめ生徒の絞り込みを行うのである。また、求人は職安・学校を通して行うことが徹底されており、この点でも職安・学校は企業と生徒の間に入って就職・採用活動をコントロールしている。高卒就職の特徴とも言える一人一社制はまさにこのコントロールそのもので、就職活動は同時に一社しか行うことができず、生徒には不採用が判明して初めて次の新しい求人が学校から紹介される。

このような制度・慣行が、無業者・フリーターといった新しい問題を生み出す原因の一つだとみなされた。文部科学省内に設置された「高校生の就職問題に関する検討会議」が二〇〇一年に出した報告書『高校生の就職問題に関する検討会議報告』（文部科学省 2001）の中で、フリーター志向の生徒の増加は「モラトリアム心理の蔓延」「サービス産業の増加に伴う一時的・臨時的雇用の増加」「フリーターを容認する保護者の養育態度の変化」といった原因と共に、上述のような制度・慣行に基づいた高校生の就職斡旋も原因だと指摘されたのである。報告書は次のように述べる。

新規高卒者の就職にかかわる長年にわたる慣行は、学校が自校を指定校としている企業のうち一社だけに、校内で選考した生徒を紹介、斡旋するといった具合に、校内選考、指定校制及び一人一社制が相互に分かち難く結びついて機能している。また、こうした中で、生徒は、応募する以外の企業・職場を十分知らないままに一社に応募し、内定すれば必ず当該企業に就職することになる。

慣行に基づいたこのような就職指導の在り方、生徒の就職の仕方が、生徒自らの意志と責任で職種や就職先を選択する意欲や態度、能力の形成を妨げる一因となっており、そのことが早期の離職等の問題につながっているのではないかという指摘もなされているのである。（文部科学省2001）

このような視点は、その後文部科学省と厚生労働省によって行われた「高卒者の職業生活の移行に関する研究会」においても共有されることになった。二〇〇二年にとりまとめられた「「高卒者の職業生活の移行に関する研究」最終報告」においては、制度・慣行の見直しにも言及されるに至った。つまり、地域の実情に応じて一人一社制の条件をゆるめて複数応募を認めることも可能にすることなどが提言としてまとめられたのである（文部科学省・厚生労働省 2002）。また、続く二〇〇三年の『国民生活白書』（内閣府 2003）の中でも、特定の高校と企業との結びつきや一人一社制が克服すべき問題として認識されていた。こうした中、高校による斡旋にとどまらず「学校による就職斡旋」全般に対する批判が登場する。本田由紀（2005a）は、その著書の副題が「「学校経由の就職」を超えて」であることからもわかるように、学校が就職先の決定に関与することを厳しく批判する。ここで「学校経由の就職」と言われているものは、本書が先程来使用している「学校による就職斡旋」とほぼ同義と考えて差し支えないであろう。本田によれば、「学校経由の就職」は高校だけでなく大学など他の学校段階からの就職においても「かなりの規模」で存在している入職経路であって、(3)「日本に固有な〈教育から仕事への移行〉のあり方」と位置づけることができる。そして「学校経由の就職」は次のように本質的な誤りを抱えていると指摘する。

組織（学校）が個々の若者の職業生涯への入口段階での決定を代理することが、自分の人生を選び取る自由と責任を侵害するという点で本質的に誤っており、機能的にも今後は立ちゆかないということに対する根底的な認識は、日本ではいまだ育っていないように見受けられる。（本田 2005a: 20）

「学校経由の就職」で学内推薦を経る場合などは、推薦に通らないと企業を受験するチャンスすら与えられない。受験するかどうかという選択を学校が企業に代わって代理で判断することは、若者の自由と責任を侵害すると断じているのである。この議論に従えば、「学校経由の就職」は本質的に誤った営みであるから、高校段階において高校卒業者の職業への移行の失敗を生み出すのみならず、大学や他の学校段階からの移行においても同様の問題を引き起こすということになるだろう。フリーターやニートといった若年就業問題は、高卒者だけの問題ではなく、他の学校段階からの卒業者にも当てはまる問題だ。本田の議論は、学校段階によらず「学校経由の就職」が原因となることで、多くの若年者の就業問題が引き起こされているという認識に立っていると見て良いだろう。

## 3 「学校による就職斡旋」に関する議論への二つの疑問

今見てきたように、克服すべき対象として社会問題化された「学校による就職斡旋」であるが、そこでなされている一連の議論には疑問を感じる。

第一に、これは特に本田の議論と関連するのだが、「学校による就職斡旋」はすべての学校段階で同じ役割を果たしていると見て良いのだろうか、という点である。なるほど確かに、高校生の就職活動に対する学校の関与というのは生徒自身の企業選択の自由を奪っている側面もあるかもしれない。企業への推薦者を決めるために学校が事前選抜を行うので、この選抜を通らなければ生徒は

郵便はがき

恐縮ですが
切手をお貼
りください

112-0005

東京都文京区
水道二丁目一番一号

勁　草　書　房
愛読者カード係行

(弊社へのご意見・ご要望などお知らせください)

・本カードをお送りいただいた方に「総合図書目録」をお送りいたします。
・HP を開いております。ご利用ください。http://www.keisoshobo.co.jp
・裏面の「書籍注文書」を弊社刊行図書のご注文にご利用ください。より早く、確実にご指定の書店でお求めいただけます。
・代金引換えの宅配便でお届けする方法もございます。代金は現品と引換えにお支払いください。送料は全国一律300円(ただし書籍代金の合計額(税込)が1,500円以上で無料)になります。別途手数料が一回のご注文につき一律200円かかります(2005年7月改訂)。

受験の機会さえ与えられない。また、そもそも学校にやってくる求人に偏りがある。伝統校には実績関係に基づいてさまざまな求人が送られてくるが、歴史の浅い高校だと必ずしもそのようにはならない。どの高校に進学したかで既に就職先の選択肢が狭められているという側面もある。これらは、いずれも生徒の企業選択の自由を奪っているという点で本田の批判のとおりである。だが、大学生の就職活動に対する大学の関与の仕方も同じように学生の選択の自由を奪っているかというと、それはそうとは言えない。本田は、大学生の就職活動について次のように述べている。

主に狭義の「学校経由の就職」を通じた〈教育から仕事への移行〉は、オイルショック後の安定成長期において慣行として確立され、日本社会に定着することになった。七〇年代後半から八〇年代にかけての時期は、その「円熟期」とみなすことができる。この間に大卒者については企業が大学を指定して求人を行う「指定校制」が社会的批判の高まりに伴って「自由応募制」へと形式的には転換したが、「自由応募」の場合にも大学の就職部や教員の就職先斡旋機能は保持されており、また「指定校制」は「ＯＢリクルーター」制度へと形を変えて水面下で存続していた。（本田 2005a：38）

大学の場合もやはり「大学の就職部や教員の斡旋」や指定校制の名残とも言うべき「ＯＢリクルーター」制度という「学校経由の就職」があり、これが批判の対象になっている。ただ、「大学の就職部や教員の斡旋」「OBリクルーター」といった大学における「学校経由の就職」が、高卒就職における学校と同様に問題なのかどうかは、慎重に検討すべき問題ではないだろうか。

繰り返しになるが、本田が「学校経由の就職」を問題視するのは、「学校経由の就職」が「自分の人生を選び取る自由と責任を侵害」するからというのが理由であった。したがって、「大学の就職部や教員の斡旋」や「OBリクルーター」が問題であるとするならば、「大学の就職部や教員の斡旋」や「OBリクルーター」が大学生の「自分の人生を選び取る自由と責任を侵害」しているのかどうかを問う必要がある。たしかに「OBリクルーター」は一部上場企業など有名大企業の就職採用活動に使われるものであるから（苅谷ほか 1992）、「OBリクルーター」が存在しない大学においてはそのような企業への就職の道が閉ざされるので、「自分の人生を選び取る自由と責任を侵害」していると言っても良いかもしれない。しかし、「大学の就職部や教員の斡旋」もそうなのかどうかは、先行研究で証明されているわけではなく、実証的に確かめなければならない問題ではないか。

要するに、ここで問題なのは、高卒就職において学校が果たしている役割をもって、他の学校段階における「学校による就職斡旋」の役割をも定義している点なのである。「学校による就職斡旋」というのは、どの学校段階でもやることは同じであるような均質的で平板なものなのか、それともそうではないのか。この問題を解く最初の一歩は、おそらく大卒就職における大学就職部の役割を見ることである。それが高卒就職における学校の役割と同じなのか否か、その結果を見れば「学校による就職斡旋」を学校段階によらず同じものと見て良いのかそうでないのかがわかるはずだ。

第二の疑問は、「学校による就職斡旋」を「生徒の選抜」という視点だけで見てよいのかという疑問である。本田が「学校経由の就職」を批判する際、「学校経由の就職」の行う営みとして、「組織（学校）が個々の若者の職業生涯への入口段階での決定を代理すること」というのを念頭に置いている。これは、企業に代わって学校が職業選抜を行うことを意味していると見て良い。「学校による就職斡旋」を、企業に代わって学校が生徒の選抜をするという視点から見る見方は、苅谷剛彦（1991）の議論による影響が大きい。

苅谷が高卒就職の中に見出したのは、学校が企業に代わって予備的な職業選抜を行う姿であった。企業からいかに選抜が委ねられ、委ねられた選抜が学校の中で具体的にどのように進行するかを描いた。ここで注目されているのは、言ってみれば「生徒の選抜」のありよう、つまり数ある求職者の中から誰を選び出し企業に紹介するかというプロセスについてである。この苅谷の研究には、一つ抜けている視点がある。それは、「生徒の選抜」とは逆のプロセスである「企業の選抜」である。つまり、数ある求人の中からどういう求人が生徒に伝えられるかという視点である。ひとくちに求人と言っても、「良好な条件の職」を提供する求人もあれば、そうでない求人もある。それらが区別されることなく学生や生徒に提示されるのか、それともそうではないのか。斡旋というのは求人と求職を媒介するものであるので、斡旋機関の果たしている役割を知るには求人と求職の双方に対する働きかけについて検討する必要があるのではないか。このような視点からすると、苅谷の研究には一つ抜けている視点があることに気づくのである。

もっとも、苅谷にとって「企業の選抜」という問いは問う必要のない質問だったのかもしれない。なぜならば、苅谷が見ようとしたのはノンエリートの中のさらなる選抜だったからである。つまり、高卒就職の中でも良好とみなされる職、たとえば男子の場合は事務職や大企業の技能職であったり、女子であれば大企業の事務職であったりするのだが、これらのポストをめぐって行われる選抜にこそ最大の関心があった。(4) したがって、良好とみなされる職以外の求人については最初から分析の枠内に入っていない。

このような問題設定の仕方は、苅谷の問題関心が一九八〇年代の日本の経済的成功を支えた労働力の質の高さという点にあったことと無縁ではない。そのことを如実に物語っているのが以下の記述である。

労働力の質という場合、一部のいわゆるエリート層の優秀さを指すわけではない。（中略）中堅社員、中間層の活力と質の高さ、そのばらつきの小ささ、そして彼らとエリート層との良好な関係を指す場合が多い。彼らこそが、産業社会・日本の原動力であったといわれるのである。（中略）一般的な通念にしたがえば、高学歴化した社会で、高卒者はすでにエリートへの競争からはずれた存在と見なされている。しかし、こうしたエリートならざるものたち（non-elites）をも競争に巻き込み、がんばらせるようなしくみが戦後の日本社会のなかではたらいてきた。ほかの先進産業社会では十分に機能しているように見えない装置が、日本では作動してきたのである。

日本社会のどこに、このようにがんばりつづける大衆労働力を生み出すしくみが組み込まれていたのか。それを支えてきた日本の教育の特質はなにか。これらの問いに答えるために、私たちは日本の高校に焦点を当てる。（苅谷 1991：2-3）

しかしながら、成功の秘訣を見出すという関心から行われた分析は、日本社会の成功が崩壊したとき、同時にその分析の有効性にも疑問のまなざしが向けられる。かつてアベグレン（Abegglen 1958=2004）が日本の成功として描いた日本型雇用システムも、バブル崩壊を経たあとは日本経済の復興の障害のように語られている。同様に、ヴォーゲル（Vogel 1979=2004）が描いたジャパンアズナンバーワンとしての日本社会も、今となっては昔話に過ぎない。苅谷の描いた高卒就職の姿も、一九九〇年代の日本を経験した研究者からは懐疑の目で見られている。本田が、一九九〇年代以降の経済的社会的状況が「学校経由の就職」の存在を許容しないとして「学校経由の就職」を批判するのは、まさにこの視点からなのである。

だが、問題は「学校経由の就職」の批判の先である。本田は、学校から職業へのトランジッションにおいて、「学校経由の就職」からは訣別し、教育と職業のレリバンスに関する研究の必要性を説く。確かにそれは一つの方向性かもしれないが、本書が持つ疑問や問題意識はそれとは異なる。本書では、苅谷の研究にまで立ち戻って、労働市場において学校という制度が斡旋を通じてどのような役割を果たしているかという問いに再び目を向けたい。そこで本書が導入する新しい視点は、求人情報の生徒への提示という視点なのである。これまでは企業へ紹介される生徒がいかに選抜されるかという「生徒の選抜」に主たる注目が集まってきたが、その裏で見落とされてきたのがこの求人情報の生徒への提示という視点であった。おそらく、経済が良好な時代にあっても望ましくない求人が学校へ来ることはあったであろう。現在のように経済の状況が悪くなれば、なおさら望ましくない求人が来る可能性が高まる。これら求人は、良し悪しにかかわらず学生・生徒に紹介されるのか。それとも一定の教育的配慮を行って求人のふるい分けを学校が行うのか。つまり、未だ社会に出たことのない学生・生徒を守るための防波堤として学校が機能するということはあるのか。もしそのような機能があるのならば、「学校による就職斡旋」というのは「生徒の選抜」にとどまらない広がりを持つことになる。また、本田が言う「学校経由の就職」の廃止論の限界も見えてくる。「学校経由の就職」を廃止することはすなわち防波堤を壊すことであり、そこに新たに別の問題が生じうる可能性は十分考えられる。

このように、市場における制度としての学校という視点からの研究にも、新しい視角から分析できることはまだまだ存在する。そうした研究を行うことによって、学校の果たす役割をより良く理解できるようになる。

## 4　市場における制度の役割を問うというまなざし

ここまで苅谷と本田の先行研究を取り上げながら議論を進めてきたが、本書が属する学校から職業へのトランジッション研究はこれまでどのように進展してきたのかについてここでまとめておくことにする。

簡単な見取り図を先に述べておこう。一九九〇年代以降、日本における学校から職業へのトランジッション研究は主に高卒就職の問題に中心的な焦点があてられ進展してきた。その代表的な研究は苅谷（1991）によるものだが、市場における制度の役割を問うという観点から、新規高卒労働市場において高校が果たしている役割について体系的に明らかにしてきた。その後、一九九〇年代後半には高卒無業者問題、続いて二〇〇〇年代前半にはフリーター・ニート問題などが浮上し、それに伴い学校から職業へのトランジッション研究の関心が変化して、市場における制度の役割についての考察というよりはむしろ若者がいかに大人になるかという「大人への移行メカニズム研究」が盛んになった。その一方で、学校から職業へのトランジッション研究の新しい流れとして、「スキル・コンピテンシー論」についての研究も現れた。これは、教育内容と職業能力との関連性を問う研究であって、やはり市場における制度の役割を問う研究とは一線を画している。このような「大人への移行メカニズム研究」や「スキル・コンピテンシー論」の盛り上がりを受けて、学校から職業へのトランジッション研究においては市場における制度の役割を問うという視点からの研究は活発には行われなくなり、現在に至っている。

これが全体の見取り図であるが、以下、最初から順番に見ていこう。学校から職業へのトランジッション研究は、まずは高卒就職を研究対象とし展開した。その中で、一定の到達点を見たのが苅谷（1991）の研究である(5)。

苅谷の問題設定の仕方は、すぐれて社会学的であった。労働市場における制度・慣行は、経済学の視点からは十分に捉えることができず、社会学的視点からの分析が必要であることを指摘する。その際、経済社会学の知見を援用し、グラノベッター（Granovetter 1974）の「埋め込み embedded」の概念を用いつつ、市場だけで求人求職のマッチングを行うよりも制度が介入することでより一層効率的にマッチングが達成されるという現象に着目する(6)。この好例として日本の高卒就職が描かれた。

日本の高卒就職の特徴として苅谷が指摘するのは、「実績関係」「就職協定」「一人一社主義」「学校内での予備的職業選抜」の四点である。「実績関係」とは、新規高卒労働市場において高校と企業という組織間に結ばれる継続的な取引関係で、「制度的リンケージ Institutional Linkage（Kariya and Rosenbaum 1995）」とも呼ばれる。継続的に採用を行う企業が学校へ職業選抜を委ね、学校は企業に代わって「学校内での予備的職業選抜」を行う。それは、主には学業成績に基づいて行われるものであるが、推薦会議という最終的な推薦者決定の場面でのみ選抜が行われるのではなく、推薦基準をそれとなく事前に生徒へ知らせることで生徒が自ら志望を変更するという自己選抜のプロセスをも含みこんだものである。学校は、そうした選抜をくぐり抜けた生徒を企業へ推薦している。このとき、「就職協定」と「一人一社制」というルールが存在することが、この「学校内での予備的職業選抜」を事実上生徒の最終的な就職先を決める場にしている。つまり、学校から推薦された生徒はほぼ企業によって採用がなされるのである。このように、経済学の視点では十分に捉えることができない市場に埋め込まれたさまざまな制度・慣行が折り重なってマッチングが行われることで、市場でのみ行われるマッチングよりもはるかに効率的なマッチングを達成しているというのである。

苅谷の研究は、新規高卒労働市場で高校という制度がどのような役割を果たしているかを明確に描き出すことになった。この研究に触発されて、他の学校段階において学校が新規学卒市場の中で果たす役割に関する研究が進展した。そのうちの一つは、戦後高度経済成長期における中卒就職の研究である（苅谷ほか 2000）。新規中卒者に対する地域間の需給アンバランスという問題を、中学校・職安・労働省が連携し、「全国需給調整会議」を通じ地域を越えて中卒者を配分することでこの問題を解決しようとした。それは、学校・職安という言わば制度が市場に介入することで、中卒者の効率的なジョブマッチングを達成したのである。

他方、大卒就職に関心を寄せたものとして、「ＯＢＯＧ・リクルーター（先輩後輩関係）」の研究をあげることができる（苅谷ほか 1992；苅谷編 1995）。指定校制の残滓として位置づけられるこの制度により、指定校制廃止のあともなお「OBOG・リクルーター」を通じて特定の大学と特定の企業との間の採用をめぐる継続的な取引関係が保たれていることを明らかにした研究である。こうした制度は一九九〇年代初めには一部上場などの大手企業と有名大学との間を中心に広く見られていたが、一九九三年と一九九七年とを比較した調査では中堅以下の大学で「OBOG・リクルーター」の利用が減ったことが報告された（岩内・平沢・中村 1998）。しかしながら、二〇〇五年の調査では、中堅以上の大学においては依然として「OBOG・リクルーター」の利用が内定時期を早めるとする研究もある（濱中 2007）。

大卒就職における「OBOG・リクルーター」研究はまさに新規大卒労働市場において制度の果たしている役割を問うものであるが、この「OBOG・リクルーター」研究以降、新規大卒労働市場を分析対象とした市場における制度という観点からの研究は十分にはなされてこなかった。その理由として、学校から職業へのトランジッション研究の関心がシフトしてしまったことがあげられる。この点を次に見よう。

## 5　大人への移行メカニズム研究

新規学卒労働市場における制度としての学校という視点は、その後一九九〇年代後半から取り上げられるようになった高卒無業者・フリーター・ニートといった新しい問題に直面して徐々に弱まっていくことになり、代わって学校から職業へのトランジッションを「大人への移行メカニズム」（堀 2007c）として捉える研究が盛んになっていった。

フリーター・ニート問題が取り上げられる前の、言わば嚆矢として位置づけられる研究が高卒無業者問題である。一九九〇年代後半から、特に都市部の県において高校卒業後進学も就職もせず進路が決まらないいわゆる「無業者」が増加していった。それまでは不況であっても五％程度にとどまっていた無業者が、一九九〇年代後半には全国で七％、都市部ではそれより上回って東京都では一〇％にまで達するようになった。こうした地域的な偏りに加えて、高校の中でも普通科でありながら就職者が比較的多いいわゆる「進路多様校」やあるいは職業科において無業者問題は特に顕在化していた。このように無業者が増加したメカニズムを、東京都の公立高校一三校を対象に一九九六年に行った調査に基づいて研究したのが、苅谷ら（苅谷ほか 1997）と粒来（1997）である。これらの知見によれば、無業者問題が顕在化している普通科「進路多様校」や職業科の高校は、就職するにせよ進学するにしろ推薦によって決まる進路先が多く、そうした学校において進路意識が不明確なまま進路選択が遅れると就職や進学の推薦のスケジュールに乗り遅れることになり、その結果進路が決まらないまま無業者として卒業することになるというのであった。

苅谷らや粒来の高卒無業者研究は、無業者発生のメカニズムを高校における進路指導との関係で解き明かそうとするものである。進路指導の中でも就職指導の場面に限って言えば、新規高卒者の就職に学校が関与していることがいかに無業者を生み出しているかということを明らかにしているとも読み取れ、新規高卒労働市場で制度としての学校がどのような役割を果たしているかという視点を十分に含みこんだ研究であった。しかしながら、その後行われた耳塚ら（2000）の高卒無業者研究では、新規学卒労働市場における制度としての学校という視点はやや後退することになった。耳塚は、高卒無業者が漸増する背景として、①高卒労働市場の逼迫、②高校生文化の変容、③教育理念や進路指導の変容、④家庭的背景、に着目する。このうち、③に関連して分析を行った長須（2000）や諸田（2000）は、教員の認識に踏み込んで、進路未定者や無業者の存在を結果的に容認する教員の認識が進路指導における進路の水路付けの弱さなどをもたらすことで無業者の析出につながっていく様子を明らかにしている。この点では、新規学卒労働市場における制度としての学校が進路指導を通じてどのような役割を果たしているかという視点をなお有していると言って良い。ただ、その一方で耳塚や小杉（2000）や堀（2000b）は、無業者が生み出される要因として前述の②④、すなわち高校生の生徒文化や出身階層などに目を向けている。知見としては、高校生の生徒文化と進路希望との間には一定の関連があって「アルバイト経験率が高く、交友関係も校外で広く深くなっており、消費活動が活発で高校生としては逸脱的な行動を取る」ような生徒はフリーター希望が多いこと（堀 2000b）、出身階層や学業成績は進路志望と関連があって「成績上位および中位層では、ブルーカラー層から」また「階層的背景にかかわらず成績下位であることが」フリーター志向を高めている（耳塚 2000）といったことが明らかになっている。こうした高校生の生徒文化や出身階層が進路希望に与える影響の議論においては、新規学卒労働市場において制度としての学校がどのような役割を果たしているかという点は直接的な関心とはなっておらず、それゆえ議論がなされることはないのである。

このように、高卒無業者研究においては新規学卒労働市場における制度としての学校という視点が次第に薄れていったが、高卒無業者研究の次に問題となったフリーター・ニート問題においては、新規学卒労働市場における制度としての学校という視点は一層弱まることになった。フリーター・ニート問題もやはり学校から職業へのトランジッション研究として位置づけられたが、そこでの問題設定は「大人のなり方」すなわち大人への移行を扱う問題というように全く新しく設定しなおされたのである。教育社会学においてフリーター・ニート問題を先駆的に扱ってきた小杉や堀らは、このことを非常に明快に述べている。やや長くなるが引用しよう。

「学校から職業への移行」とは、一日の大半の時間を学校で学ぶことに当てている状態から、職業人として自立した一人前の状態に変わることを指す。（小杉 2003: 126）

若者が大人になり、社会を構成する一人前のメンバーとなることは、社会にとっても個人にとっても重要な課題である。大人になることには、親の家計から離れ、自分の家庭を営み経済的に自立すること、あるいは、政治参加や納税の義務を果たすなど、様々な局面があると考えられるが、その中でも、職業を持ち、親の家計から自立した生計を営むことは重要な部分を占めるといえる。親の家計に依存して学校に通う状況から、こうした自立にいたるプロセスが「学校から職業生活への移行」である。（小杉編 2005：1）

若者の教育から職業への移行は一九九〇年代初頭までスムーズに行われていたが、九〇年代後半に大きく様変わりした。学校を卒業しても進学も就職もしない学卒無業者の増加、フリーターと呼ばれる若いパート・アルバイト労働者、若年失業者、若年無業者など、不安定な移行状態に至る若者層が急激な増加を遂げた。

不安定な移行状態にある若者層が増加することは、なぜ問題なのか。教育社会学という学問領域においては、日本社会における「大人」への移行メカニズムを崩壊させるからであるとして問題化できる。日本社会は、若者を教育から職業へスムーズに移行させること、言い換えれば卒業時に正社員という安定した移行状態に導くことを通じて、若者が大人になる際に直面する様々な困難を回避させることに成功してきた。（堀 2007c：85）

こうした視点からの研究は、たとえば「離学モラトリアム型」「離職モラトリアム型」「芸能志向型」「職人・フリーランス志向型」「正規雇用志向型」「期間限定型」「プライベート・トラブル型」のようなフリーターの類型化（日本労働研究機構 2000a）など若年者の状況を詳細に描くのに貢献をし、さまざまな研究を蓄積してきた。しかしながら、その裏では労働市場における制度としての学校が果たしている役割を問う研究への関心を薄めることにつながってしまった。

## 6　スキル・コンピテンシー論

「大人への移行メカニズム研究」と同様、近年の学校から職業へのトランジッション研究で取り上げられているのがこの「スキル・コンピテンシー論」である。この点は政策的な関心も高く、「エンプロイアビリティ」（厚生労働省職業能力開発局 2001）や「社会人基礎力」（経済産業省 2006）などの概念も提唱されるに至った。

「スキル・コンピテンシー論」をめぐるこれらの研究は、個人に蓄積されるスキルや能力を問うている点で、市場における制度の役割を問う研究とは一線を画すものである。この点は本田（2005a）も指摘するところである。

　教育と仕事とを架橋する方策は、次の2種類に大別される。1つは、仕事の世界で効力をもつ職業能力や職業資格を学校教育の中で若者に身につけさせるという方策であり、もう1つは、教育機関や企業などの組織が若者の移行先の決定に関与し援助するという方策である。（本田 2005a: 26）

ここに出てくる職業能力について本田は別の書でさらなる検討をしている（本田 2005b）。それによれば、現在の日本社会は「ポスト近代社会」が進行しており、何が「業績」としてみなされるか、さらにはどのような能力を持つことが要求されるかといった点で変化が起きていると述べている。本田は「ポスト近代社会」で求められる新しい能力を「ポスト近代型能力」と名付け、以下のように説明している。

「ポスト近代型能力」とは、文部科学省の掲げる「生きる力」に象徴されるような、個々人に応じて多様でありかつ意欲などの情動的な部分――「ＥＱ」！――を多く含む能力である。既存の枠組みに適応することよりも、新しい価値を自ら創造すること、変化に対応し変化を生み出していくことが求められる。組織的・対人的な側面では、相互に異なる個人の間で柔軟にネットワークを形成し、その時々の必要性に応じてリソースとして他者を活用できるスキルをもつことが重要になる。（本田 2005b：22-23）

こうしたスキルや能力への関心は、大卒者の就職に対しても向けられている。代表的な例として、小方のコンピテンシー論があげられるだろう（小方 2001）。小方は、コンピテンシーに対する関心が一過性のブームである可能性を指摘しながらも、知の「運用」について議論するものである点に一過性にはとどまらない意義を見出し、コンピテンシーが大卒者の採用と育成でどのように活用され、大学教育にはどのようなインパクトを与えうるかについて論じている。本書と密接に関係する採用について見ると、コンピテンシーに基づく採用が行われた場合、面接が採用試験の中で重要な位置を占めるようになり、面接において「過去の経験を語」り「経験事例を提示してもらい、具体的な行動をなぜ、どのようにとったかを尋ね」られることになるという。採用にコンピテンシーを導入するかどうかは賛否両論があり、必ずしも多くの企業で導入されているわけではないが、仮に導入が進めば就職指導や大学教育にも影響が及ぶことになると指摘する。なぜならば、企業を受験するに際し「過去の経験」が問われるようになるが、学生にとって過去の経験が問われるというのは、「在学中の学習も含め、学生生活の過ごし方そのものが問われることにほかならない」（小方2001: 85）からである。学生がどのような学習をし学生生活を送るかを、就職指導や大学教育は考えなければならなくなるというのである。ここでは小方の議論を紹介したが、卒業後の職業生活における大学知識の有用性を日欧比較によって明らかにしようとする吉本（2001）の研究もこうした「スキル・コンピテンシー論」の流れに沿うものと見て良い。

ただ、繰り返しになるが、本田や小方の議論を見てもわかるように、「スキル・コンピテンシー論」が着目するのは個人がどのような能力を身につけるかという点である。したがって、市場における制度という観点はやはり欠落している。

## 7 就職活動期間見直しの議論

この節では二〇〇九年から二〇一一年までの状況について説明を補足しておきたい。大学生の就職問題についてはさまざまな議論がなされたが、大学就職部による就職斡旋はほとんど話題にならなかった。

その一方で、盛んになされた議論としては就職活動期間の見直しに関するものがある。見直しの仕方はいくつか提言されていて、そのうちの一つが二ヶ月後ろ倒し論である。これは、活動開始時期を現在の三年生一〇月から一二月に変更するというもので、大学や政府からの要請に対し日本経団連などの企業側が応じる姿勢を見せて(7)、実際に二〇一一年から始まる(二〇一三年三月卒業予定者の)就職活動から実施された。二ヶ月後ろ倒しの議論は、就職活動の早期化・長期化が大学教育に支障を及ぼしているという文脈で論じられている。現在のところ活動開始とされるのは三年生の一〇月で、早い学生だと四年生四月には内定が出はじめるが、なかなか内定が得られない場合には卒業まで活動を続けることになる。もっとも、早期化・長期化が大学教育に悪影響を及ぼしているということはずいぶん前から話題にされてきた。新聞などマスコミでは、大学関係者の発言として、ゼミや卒業論文・卒業研究での指導が十分行えていない状況を取り上げてきた。とりわけ、指導がスタートする四年生四月の時点での就職活動を問題視する声が大きい。この時期は大半の学生が就職活動のピークを迎えており、学業どころではないことから、ゼミなどの出席率は著しく低いと言われている。その結果、実質的な指導の開始を遅らさざるを得ず、学業の時間が削がれているというのである。また、内定が獲得できない状態が続けば続くほど、四年生における指導がおろそかになる期間がさらに延びていくことになる。

就職活動期間の見直しに関するもう一つの議論は、新規学卒一括採用と間断のない移行という慣行自体を問い直すもので、日本学術会議が二〇一〇年に提言した卒後三年新卒化と、東京大学が二〇一二年に提言した秋入学制度がある。日本学術会議の提言は、卒業後三年間は新卒として扱うべきだという議論で、学校卒業後の初職が非正規であるとその後正規雇用に移行するのは非常に難しいということを問題意識に据えている。ロスジェネ世代という言葉があったが、彼ら／彼女らのように景気によっては新卒採用が絞り込まれて卒業後すぐに正規雇用として働くことのできない事態も生じうる。ただ、三年間でも新卒として扱われれば、そうした景気の善し悪しの影響を受けるリスクも軽減されるのではないかという発想が背景にあるようだ。他方、秋入学については、就職の問題というよりも大学の国際的な競争の問題が直接的な背景にあるが、仮に秋入学へ移行するとなると就職活動期間との整合性が問題になる。現在進行中の問題なのではっきりしたことは言えないが、各種マスメディアの調査などを見るかぎり、企業側としては採用活動期間の変更に応じる姿勢を見せている。ただ、秋入学にあわせて単に半年採用活動期間をずらすだけであれば、新規学卒一括採用と間断のない移行という慣行は崩れないことになる。

就職活動期間の見直し以外の動きとしては、厚生労働省による新卒者支援の拡充が行われたことが注目に値する。従来、ハローワークは大卒者の就職斡旋には非常に限定的にしか関わってこなかった。ところが、民主党の政策の影響もあって、新規学卒者と卒後三年程度の人を対象とした専用の窓口（新卒応援ハローワーク）が各都道府県に設置されるようになった。こちらもまだそれほど実績がないのではっきりしたことは言えないが、新しい動きであることには間違いない。もちろん、大卒者の就職斡旋は、大学就職部だけでなく、ハローワークや民間会社が手がけるという選択肢は当然ありうる。ハローワークは既に力を入れ始めたが、民間会社が参入するなどひょっとすると今後さまざまな新しい取り組みが出てくるのかもしれない。

## 8　分析の視角と本書の課題

第2節から第6節まで見てきた先行研究の状況を踏まえて、本書では以下のように分析を進める。分析の基本的な方向性は二つある。第一に大卒労働市場における大学就職部の役割を高卒就職における高校の役割を合わせ鏡にしながら分析をする。大学就職部では具体的にどのような斡旋が行われていたのか。その詳細な内容を検討することにより、高校での斡旋とどのように類似しており、どこが異なるのかについて明らかにする。これによって新規学卒労働市場における学校という制度の果たす役割を、高校だけでなく大学まで広げてより一般的な枠組みとして捉えることが可能となる。結論を先取りしておくと、学校という制度は求職者（学生・生徒）の選抜という機能と、求人（企業）の選抜という二つの機能を担っており、従来の研究が明らかにしてきたように高校では前者の機能に焦点があてられてきたのに対して、大学では後者の機能に重点が置かれていることを明らかにする。求人側と求職側という二つの関係性をセットとして捉えることにより、はじめて制度が果たしてきた役割の全貌を理解することができることを主張する。

第二に、大学就職部という制度に焦点をあてることによって、大学就職部が行う斡旋の内容を分析するだけではなく、大学就職部を利用し斡旋を受ける学生がどのような人々なのかということを明らかにする。ここで重要になってくるのは、大学就職部はすべての学生に開かれているのか、それとも一部の成績優秀者などに利用が限られているのか、という点である。さらに大学就職部という制度を経由することにより、どのような就職結果（アウトプット）が生まれるのかについて実証することにより、制度の効用についても論じる。「大学経由の就職」とそれ以外の就職の仕方では、間断の有無、就職先の規模、希望の就職先かなどについて違いがあるのかが明らかにされる。

これらの分析によって、大学就職部が一体どのような学生層に対して援助の手を差し伸べているのか、就職部の斡旋によりどのようなメリット・デメリットが学生の側にあるのかが検証される。結論を先取りしておくと、大学就職部は成績や出身階層にかかわらず斡旋活動を行っており、就職部による斡旋が就職活動シーズン晩期においてのみ行われることを考慮すると、大学就職部という制度は、就職活動シーズン早期に就職が決まらなかった学生、つまり就職戦線における弱者を救済するセーフティネットとしての役割を果たしていることを主張する。

このような二つの視点を導入して新規学卒労働市場における斡旋機関としての学校が果たす役割について明らかにする方向性は、学校から職業へのトランジッション研究において近年盛んな「大人への移行メカニズム研究」「スキル・コンピテンシー論」とは一線を画した分析であり、学校という制度に着目した制度論の立場から若年者の就職問題の解明を試みるものである。

## 9 使用するデータ

最後に、本書で用いる主要なデータについて説明をしておきたい。以下の章の分析では次の二つのデータを用いる。

### (1) 就職研インタビュー調査

この調査は、東京大学大学院教育学研究科苅谷剛彦教授（当時：現在はオックスフォード大学教授）の研究グループが二〇〇三年一二月から二〇〇四年三月にかけて実施したインタビュー調査で、研究会の略称を用い[9]「就職研インタビュー調査」とここでは表記する。調査対象大学は北海道・北関東地域に所在する経済経営系学科を持つ公立・私立大学で、その一覧を表1-1にまとめた。偏差値の欄を見るとわかるように、調査対象大学は下位ランクの大学が中心となっている。これは研究

表 1-1　就職研インタビュー調査　実施大学一覧

| | 学部数 | 大学規模 | 設立年代 | 偏差値 |
|---|---|---|---|---|
| A 大学 | 1 | 999 人以下 | 70 年代 | 41.4 |
| B 大学 | 3 | 1000 ～ 2999 人 | 70 年代 | 41.4 |
| C 大学 | 5 | 5000 人以上 | 60 年代 | 42.0 |
| D 大学 | 1 | 1000 ～ 2999 人 | 80 年代 | 52.6 |
| E 大学 | 1 | 999 人以下 | 60 年代 | 41.1 |
| F 大学 | 5 | 5000 人以上 | 60 年代 | 41.6 |
| G 大学 | 3 | 3000 ～ 4999 人 | 60 年代 | 45.3 |
| H 大学 | 5 | 5000 人以上 | 50 年代 | 44.6 |
| I 大学 | 1 | 999 人以下 | 60 年代 | 40.6 |
| J 大学 | 3 | 1000 ～ 2999 人 | 90 年代 | 39.8 |
| K 大学 | 4 | 5000 人以上 | 60 年代 | 44.0 |
| L 大学 | 1 | 999 人以下 | 00 年代 | 42.0 |
| M 大学 | 2 | 3000 ～ 4999 人 | 50 年代 | 50.4 |
| N 大学 | 2 | 3000 ～ 4999 人 | 80 年代 | 43.0 |
| O 大学 | 2 | 1000 ～ 2999 人 | 60 年代 | 39.7 |

偏差値は、学習研究社『学研版 2009 年度用大学受験案内』による

会で調査対象を選定する際に下位ランクの大学を中心に調査を行うという方針にしたためであるが、大学特性としては偏ったデータとなっている。しかしながら、本書の社研パネル調査データを用いた分析結果からすれば、斡旋のプロセスにおいて大学就職部が果たしている役割は大学ランクによらず大きくかわらないと考えられるので、インタビュー調査対象校の大学ランクに偏りがあることは本書で分析に用いる際に問題にはならないと考える。

調査対象者は各大学の就職担当部署（大学就職部）の事務職員の責任者（課長相当職）である。多くの大学では、就職担当として部長相当職に教員、課長相当職に事務職員を配置しているが、実際に学生や企業に接するのは事務職員なので調査対象として事務職員を選定した。インタビューに応じてくださったのは依頼対象となった

事務職員の責任者で、一部の大学では就職担当部署（大学就職部）の別の職員も同席したケースがある。インタビュー調査の聞き取り結果を引用する際、発言部の冒頭に「聞き手」と記しているのは研究会メンバーの発言を意味する。また、すべての大学で職員はA職員と記しており、これは調査対象となった就職担当部署の事務職員の責任者を意味する。同席した別の職員がいた場合にはB職員と記し、発言が区別できるようになっている。

インタビュー調査の実施にあたって、研究会メンバーの中から数人が当該大学を訪問し、二時間程度をかけて聞き取りをした。メンバーの組合せはすべての大学で同じではないが、私だけはすべての大学でインタビュー調査に参加している。

### (2) 社研パネル調査

この調査は、東京大学社会科学研究所が二〇〇七年から実施しているパネル調査で、第一回目が二〇〇七年一〜三月、第二回目が二〇〇八年一〜三月に実施された。調査対象は、二〇〇七年時点で日本全国に居住する二〇〜四〇歳の男女で、住民基本台帳と選挙人名簿を使用し[10]、性別・年齢・都市規模で層化して対象者を抽出した。両年とも調査票を郵送し、回収は調査員が行った（郵送配布・訪問回収）。なお、第二回目の調査は、第一回目の調査回答者が対象となっている追跡調査である。回収状況は、表1-2に示すとおりである。

調査項目のうち、初職の状況（正規・非正規、企業規模、初職継続年数など）については二〇〇七

**表 1-2　社研パネル調査の回収状況**

| | | 計 | 男 | 女 |
|---|---|---|---|---|
| 2007 年調査 | 総アタック数 | 15493 | 8678 | 6815 |
| | 有効アタック数 | 13320 | 7280 | 6040 |
| | 有効回収票数 | 4800 | 2365 | 2435 |
| 2008 年調査 | 有効回収票数 | 3965 | 1901 | 2064 |

この表は、石田・三輪・大島（2008）および石田・三輪・村上（2009）をもとに作成。有効アタック数は、総アタック数から「転居」「長期不在」「住所不明」「宛先不明」「その他（死亡・病気など）」を除いた数である。

年調査において、大学名・大学生活の過ごし方・就職活動の状況・入職経路などについては二〇〇八年調査において、それぞれ質問がなされている。分析の対象にしているのは大学を卒業後就職した人のみで、大学中退者や、大学卒業後に大学院に進学した人などは分析から除外している。

注

（1）リクルートブックが配られ学生が資料請求ハガキを書く姿は、たとえば織田裕二主演の「就職戦線異状なし」という映画で描かれている。当時の様子をお知りになりたい若い読者の方は、映画を是非ご覧いただきたい。

（2）就職情報誌などで紹介される大学生の就職活動も、基本的には人文・社会科学系卒業生の就職活動がモデルとなって紹介されることが多い。

（3）根拠として本田は、一九八六年に実施された「青年の職業適応に関する国際比較調査」と一九九八年と二〇〇三年に実施された「世界青年意識調査」の調査結果をあげている。

（4）セカンドベストの分析も行っているが、それでもせいぜいセカンドベストまでで、それ以外の職については議論の視野に入っていない。

(5)苅谷（1991）の議論は、天野らが一九八〇年代初頭にA県の高校を対象として行った調査研究（天野ほか 1988）の成果に大きく拠っている。「実績関係」という言葉自体は、天野らの調査研究において岩永（1983）や小林（1988）らも使用していたもので、この点については苅谷（1991）においても注で紹介されている。

(6)経済学では市場に制度が介入すると効率性が減ずるというのが通説であり、苅谷はWilliamson（1975）の「機会主義」という概念を引用してこの点について述べている。つまり、効率性を減ずるはずの制度が実は効率性を高めているというのがこの知見の社会学的な面白さだと言えよう。

(7)大卒就職では政府（職安）・学校・企業による就職協定が一九九七年以降結ばれていないので、今は三者それぞれが自らの意見を表明し確認しあっている。大学側は就職問題懇談会という名前の団体が「大学、短期大学及び高等専門学校卒業・修了予定者に係る就職に関する要請」を企業側に対して毎年表明しているが、この中で、「卒業学年に達しない学生に対する実質的な採用選考活動を厳に慎み、採用選考活動を早期に開始しない」ことを要請している（二〇〇九年以降は若干表現が異なるが、内容は同じ）。他方の企業側（日本経団連）は、「大学・大学院新規学卒者等の採用選考に関する企業の倫理憲章」を公表し、「採用選考活動の早期開始は自粛する。まして卒業学年に達しない学生に対して、面接などの実質的な選考活動を行うことは厳に慎む」と毎年宣言してきた。そして、二〇一一年一月に日本経団連はこの倫理憲章を見直し、会社説明会等の開始時期を二ヶ月後ろ倒しすることを発表した。

(8)二〇一〇年七月二二日「大学教育の分野別質保証の在り方について」。

(9)研究会の成果をまとめたものが出版されたので（苅谷・本田編 2010）、研究会の関心や経緯などについてはそちらもご参照いただきたい。

(10)原則として住民基本台帳を使用したが、住民基本台帳の閲覧が許可されなかった自治体においては選挙人名簿を使用した。

# 第二章　斡旋からガイダンスへ

## 大学就職部業務の歴史的変遷

現在の大学就職部はガイダンスを中心に業務を行っており、斡旋業務にはそれほど重点を置いていない。しかし、歴史を振り返ってみると、もともとは斡旋業務こそが大学就職部の主たる業務であった。変化が起きたのは一九六〇年代から一九七〇年代にかけてで、一九八〇年代以降は現在に至るまでガイダンスの方が中心となっている。

この章では、背景にある大卒就職の環境や仕組みの変化に触れながら、大学就職部業務の変遷の経緯についてまとめてみたい。

## 1　大学就職部の登場

就職部が日本の大学に設置されるようになったのは、大正から昭和のはじめ頃にかけて（一九二〇年代）だと言われている。ちょうど一〇〇年くらい前のことだが、当時の大学や大学をとりまく日本社会の状況は今とは全く異なっていた。

図２－１は、戦前の大学数と大学卒業者数の推移を示したものである。二〇世紀初頭、大学数はわずか五校にも満たず、卒業者数もせいぜい二〇〇〇人いるかいないかという程度だった。現在は全国津々浦々に大学が作られ大学全入時代などと言われているが、それとは全くかけ離れた世界で、大学はごく一握りのエリートが通うものであった。日本はまだまだ貧しく、義務教育就学率がようやく九〇％に達したというような、そういう時代であった。

そんな大学にも変化が訪れる。図２－１からわかるように、一九二〇（大正九）年以降、大学数および大学卒業者数とも急増した。急増のきっかけになったのは、一九一八（大正七）年に制定された「大学令」だった。「大学令」以前は、大学と言えば帝国大学のことを指していた。一八七七（明治一〇）年の東京大学創設を皮切りに、京都、東北、九州、北海道と帝国大学が作られていき、一九一八（大正七）年の段階でようやく五校の大学が完成していた。他方で、古い歴史を有する私学の慶應や早稲田などは、官立の東京高等商業学校（現在の一橋大学）などとともに、制度上は大

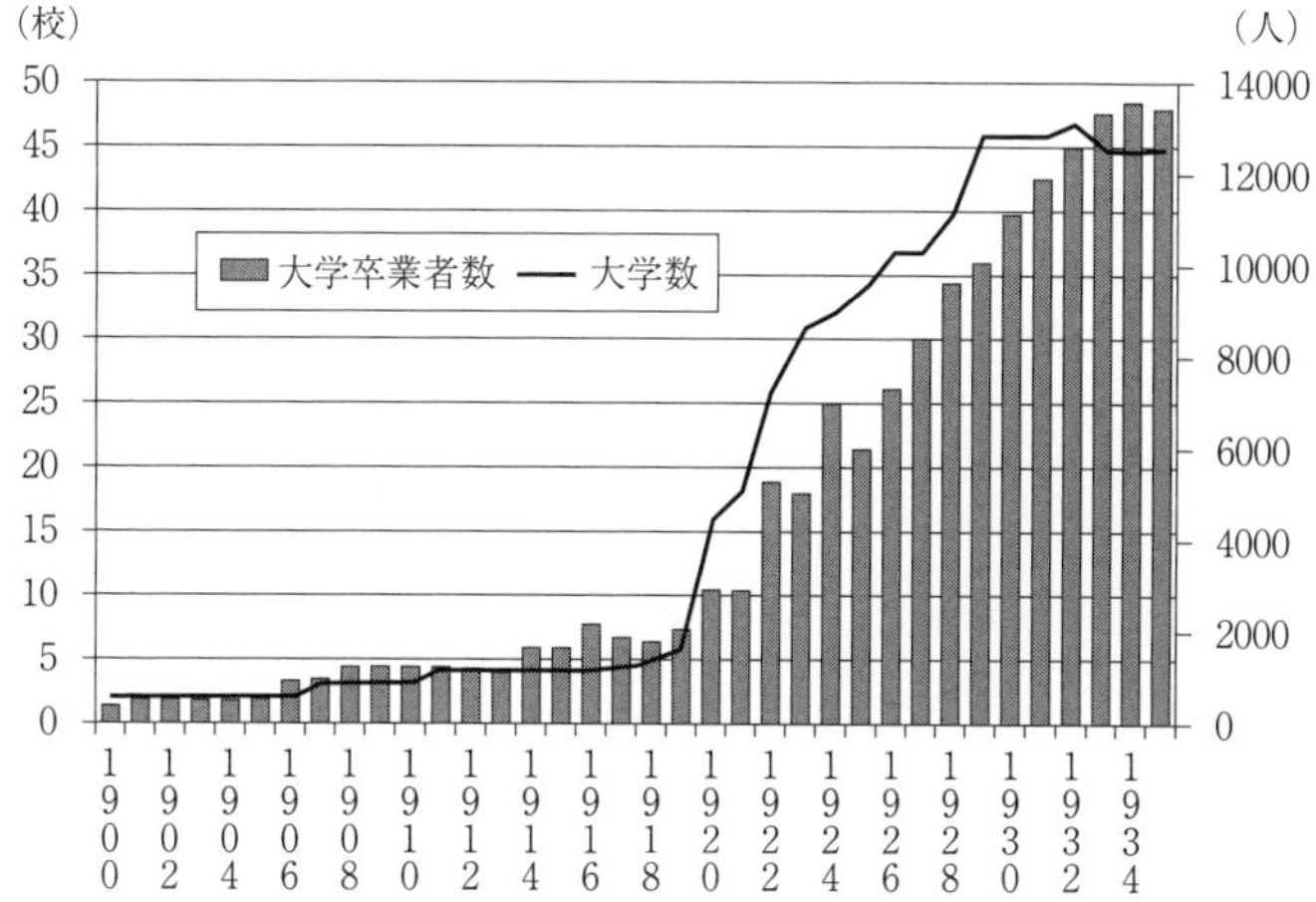


出典：『文部省年報』各年版

**図 2-1　戦前の大学数・大学卒業者数の推移**

学よりも一段低い専門学校という地位に押しとどめられていた[1]。これら専門学校が、一九一八（大正七）年の「大学令」によって大学へ昇格することが認められた結果、一九二〇（大正九）年以降に大学数と大学卒業者数が急増することになったのである。

専門学校を大学に昇格させるという形で当時の政府は大学の拡張を図ったわけだが、その背景には日本社会の急激な経済発展と、それに伴う人材需要増があった。「大学令」が制定された一九一八（大正七）年というのは、第一次世界大戦（一九一四（大正三）～一九一八（大正七）年）に伴う好景気を経て、日本がようやく近代化を果たしつつある時代でもあった。日本経済の発展とともに企業組織の大規模化・官僚制化が進み、その結果、企業が大学や専門学校の卒業生を採用するようになってきていた[2]。「大学令」以前の大学、すなわち帝国大学は、もともとは国家のエリート官僚と専門的職業人の養成のための機関であったが、「大学令」が制定された頃にはこうした企業の発展を受けて企業へ就職する学生も出始めていた。また、専門学校から企業へ就職するルートも拡大していた。企業で働く人材の養成を目的とした専門学校、すなわち高等商業学校や商学・経済学系の学部学科が続々と新設され、専門学校から企業へ就職する人が増えていたのである。(3)「大学令」以降はこれら専門学校が大学に昇格したため、民間企業へと就職していく大学卒業者が以前よりも大量に生まれることになった。

「大学令」の制定を受けて一九二〇(大正九)年に大学へ昇格を果たした私学は八校ある。慶應はそのうちの一つで、「就職係の元祖」と紹介されることがある山名次郎が、母校慶應大学の嘱託となったのは大正時代よりもほんの少し前の一九一一(明治四四)年のことだった。一九二二(大正一一)年に後任の対馬機に替わるまで、山名は一〇年あまりにわたって就職担当の職にあったため(慶應義塾職員会 1960;尾崎 1967a)。彼が慶應大学に雇われたのは「後輩の就職のめんどうを見る」ためであった。ここでの「めんどう」とは、卒業生を雇ってもらえるよう企業に出向いて売り込みをするいわゆる求人開拓を行ったり、あるいは企業からの求人に応じて学生を推薦したりすることを意味していた。

山名が取り組んでいた求人開拓、求人の受付、学生(求職者)の推薦(紹介)などは、まさに就職斡旋そのものである。大学や専門学校によるこうした就職斡旋は、既に二〇世紀初頭において、

**表 2-1　戦前の私立大学における就職部の設置年**

| 大学 | 名称 | 設置年 |
| --- | --- | --- |
| 慶應 | 就職課 | 1939（昭和 14）年 |
| 早稲田 | 人事課 | 1924（大正 13）年 |
| 明治 | 人事課 | 1924（大正 13）年 |
| 法政 | 人事厚生課 | 1950（昭和 25）年 |
| 中央 | 人事課 | 1932（昭和 7）年 |
| 日本 | 校友課 | 1925（大正 14）年 |
| 國學院 | | ? |
| 同志社 | | 戦後 |

出典：注 4 を参照

慶應大学以外でも行われていたことが先行研究で明らかになっている。官営八幡製鉄所の史料を分析した菅山（2011）によれば、一八九七（明治三〇）～一九一九（大正八）年の時期において、東京帝国大学や熊本高等工業学校（専門学校で熊本大学の前身）などから推薦されて官営八幡製鉄所に就職した例があった。

ただ、大学が担当の事務部署を設けて専門的に就職斡旋を行うことが広く普及したのは、大正末期になってからである。表2－1は、「大学令」制定直後の一九二〇（大正九）年に大学に昇格した私立八校における就職部の設置時期をまとめたものである。[4]早稲田、明治、日本が比較的早い大正末期の段階で就職部（人事課）を設置した。中央はやや遅れて一九三二（昭和七）年に、山名を雇った慶應大学は一九三九（昭和一四）年になってから、それぞれ設置した。法政の設置は戦後で、同志社もおそらく同様に戦後のことであった。國學院の設置時期は判明しなかった。

昭和のはじめに入ると大学が就職斡旋をする傾向は確固たるものとなってくる。天野（1982）は、法文系の大学を卒業して就職する者のうち、大学による就職斡旋を利用した者が、一九二八

（昭和三）年時点で約七〇％であったことを当時の統計を基にして明らかにしている。もちろん、縁故などで就職する学生も少なからずいたのだろうが、大学による就職斡旋で就職するという仕組みが戦前の段階で既に広く普及していたと見て良い。そうした時代状況にあって、就職部はその設立の当初から就職斡旋を重要な業務としていたのである。

## 2　就職協定下の就職斡旋

第二次世界大戦を経て敗戦国となった日本は、一九四七（昭和二二）年、学校教育法に基づいて戦前からの教育制度を一新させることにした。旧制度では大学の他に専門学校や師範学校などいくつかの種別に分かれていた高等教育機関を、新制度においては大学に一本化しようとしたため、学校数・卒業生数とも急増することになった（図２－２）。旧制ではわずか五〇校足らずだった大学が、本格的に新制大学が発足した一九四九（昭和二四）年には一七八校にもなった。

ただ、大学の急拡大にもかかわらず、大学が就職斡旋を行うという仕組みは新制大学に移行した戦後においても続くことになった。しかし、就職斡旋を行う環境は二つの点で戦前とは幾分異なったものとなった。

第一に、大学が行う就職斡旋は職業安定法を根拠に行われるものになった。第一次世界大戦の終結後、日本を含む国際社会ではＩＬＯ（国際労働機関）を中心として民間の職業紹介を規制し国家

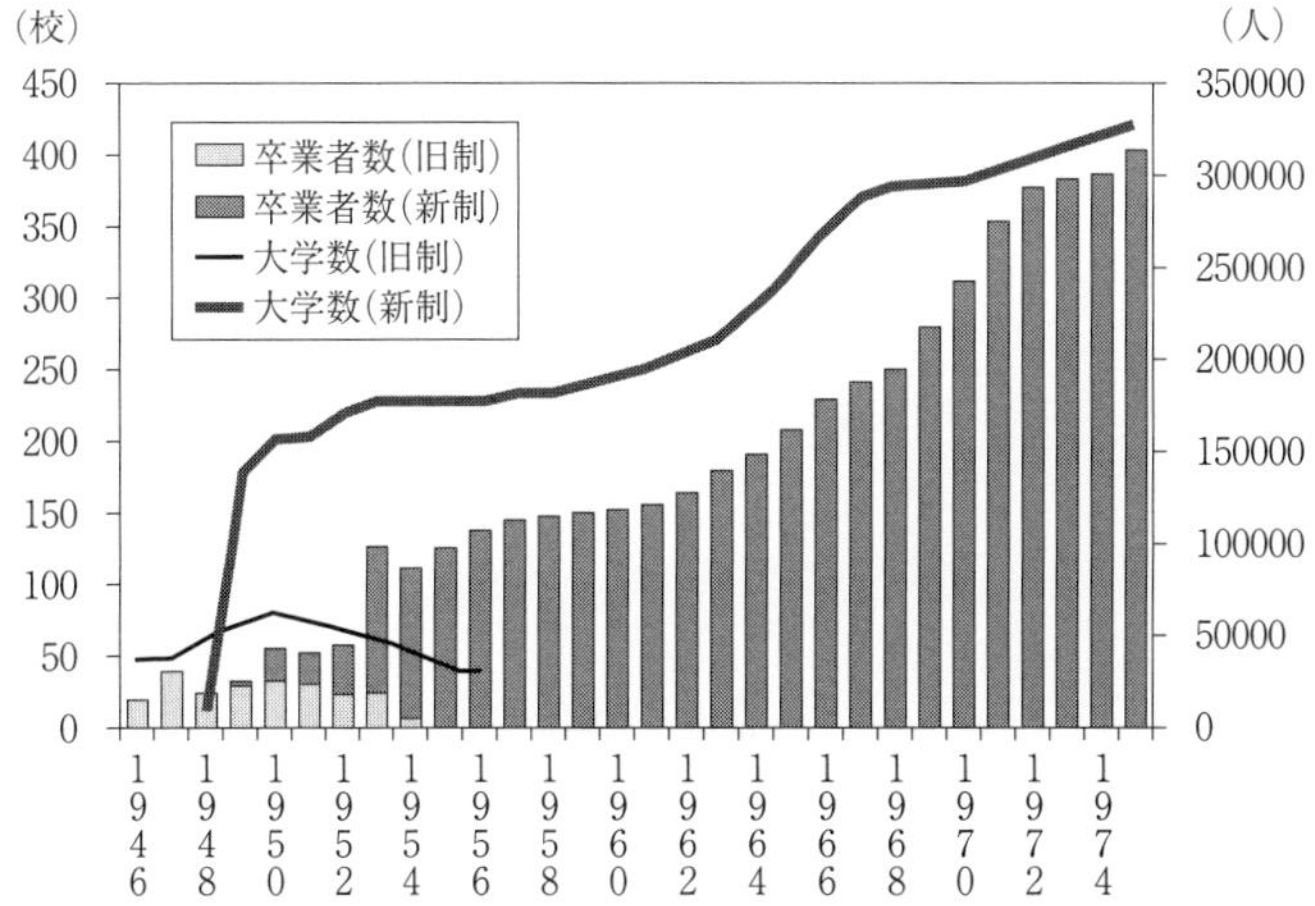


出典：『文部省年報』『産業教育調査報告書』『学校基本調査報告書』各年版

**図 2-2　戦後の大学数・大学卒業者数の推移**

独占にしようとする動きが起こった。[5] 背景には、民間職業紹介が強制労働や中間搾取を行うなどの問題を起こしていたことがあった。一九一九（大正八）年の「失業ニ関スル条約（第2号）」を受けて一九二一（大正一〇）年に職業紹介法が制定され、公営職業紹介が整備されることになる。その後一九三八（昭和一三）年に法改正が行われて、職業紹介は原則国家独占となるに至った。戦後も職業紹介法を引き継ぐ形で職業安定法が新たに制定された。職業安定法の下では、学校が新規学卒者に対して行う職業紹介（就職斡旋）は例外的に認められることになった。大学は、この職業安定法の例外規定を根拠に就職斡旋を続けることになったのである。[6]

第二に、就職協定が大学・企業・行政の三者の間で取り決められるようになった。[7] 就職

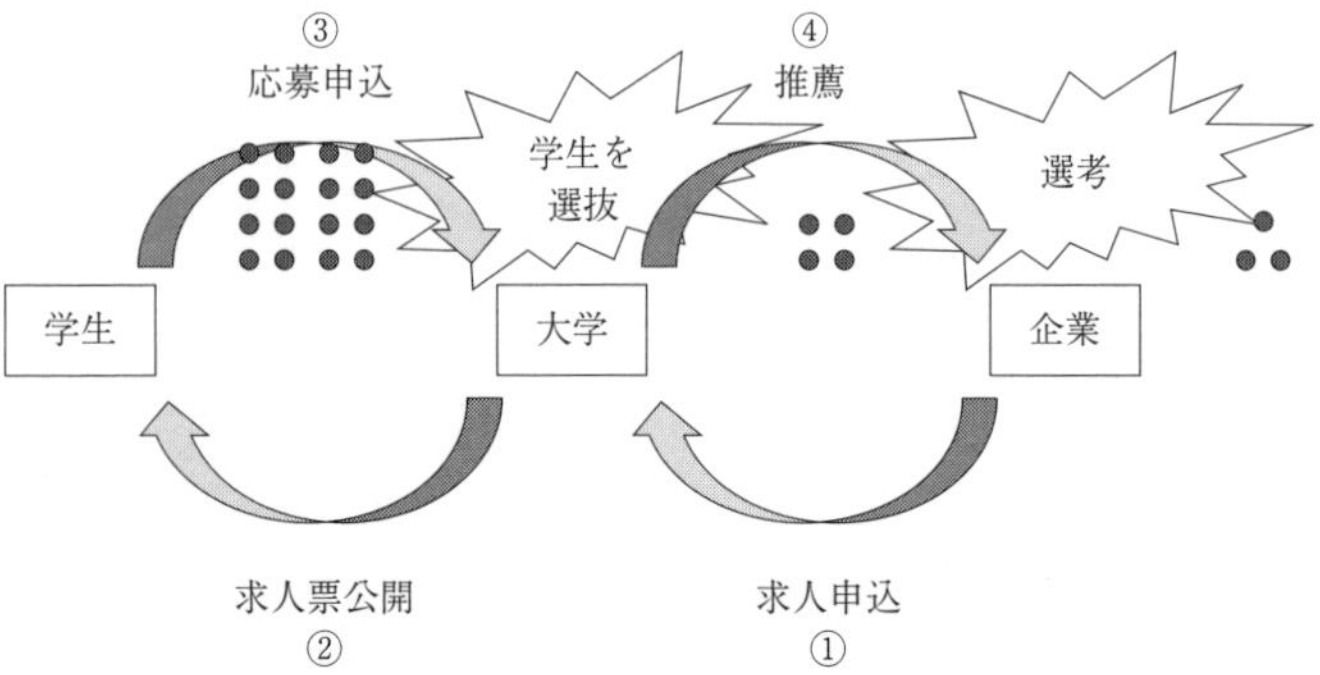


図 2-3　大学による就職斡旋のしくみ

協定とは、就職採用活動の過度な早期化を防ぐために時期や方法についてあらかじめ取り決めておく紳士協定で、大学卒業生の就職採用活動に関しては一九五二（昭和二七）年に始まり一九九六（平成八）年まで続いた[8]。紳士協定なので、破ったとしても罰則はない。それゆえ、協定の実効性については協定が行われていた当時から常に疑問が投げかけられ続けてきた。ただ、「企業・大学・学生は協定期日前の活動を公にすることをはばかるという方法で、実は自分の行為を協定の効力に従わせているのであり、逆にいえば協定の存在が彼らの活動形態を一定のパターンに秩序づけている」という指摘もあるように（中村 1993）、就職協定が就職活動スケジュールのあり方を決める一つの要素であったことは疑いない。

就職協定が何について取り決めるのかをもう少し具体的に理解するために、図2－3をご覧いただきたい。

大学による就職斡旋は、企業が大学へ「①求人申込」をするところから始まる。場合によっては、企業に求人申込をしてもらうよう大学が企業へ出向いてお願いする（求人開拓という）こともある。大学へ求人申込があると、大学はこれを学生に知らせるために「②求人票公開」を行う。大学によっては就職部の前に掲示板があって、ここに求人票が張り出されていた。学生たちは、公開された求人票の中から希望の企業の求人票を見つけ出し、企業の採用選考を受けるための「③応募申込」を大学に対して行う。現在は学生が直接企業に採用選考受験の申込をするが、大学による就職斡旋では大学へ申込を行うことになる。学生からの応募申込があると、大学は学業成績などを基準に学生を選抜し人数の絞り込みを行う。応募申込をした学生全員が企業の採用試験を受験できるのではなく、大学による選抜を通過した学生だけが企業の採用選考を受験することができる。企業からは採用申込の際に何人を推薦して欲しいという情報が寄せられているので、その人数にあうよう学生を選抜し絞り込むのである。そして、選ばれた学生が企業へ「④推薦」される。推薦を受けた学生は企業の採用試験を受験し、それに通過すれば採用内定となる。

では、実際に就職協定の取り決め内容を見てみよう。表2－2は、就職協定が定める解禁期日についてまとめたものである（文部省高等教育局 1992）。「大学側就職事務関係」「推薦・説明・訪問等開始」「選考・内定等開始」の三点に関する解禁日が書かれている。最初に就職協定が結ばれた一九五二（昭和二七）年のものについて見ると、求人申込解禁日が一〇月一日、推薦解禁日が一〇月一日、選考解禁日が一月とある。念のため申し添えると、この一〇月や一月というのは大学最終学年の月である。現在のように最終学年より一学年下の一〇月から就職活動が始まっているのではない。また、求人申込と推薦が同じ解禁日なのが不思議に思えるかもしれないが、この年の就職協定

## 表 2-2　就職協定のスケジュール

| 就職活動年度 | 大学側就職事務関係の開始期日についての大学側申合せ等 | 推薦・説明・訪問等開始 | 選考・内定等開始 |
|---|---|---|---|
| 27 | 求人申込　10月1日 | 推薦　10月1日 | 選考　1月 |
| 28〜31 | | | |
| 32 | | 推薦事務系　10月1日<br>推薦技術系　10月13日 | 選考事務系　10月10日<br>選考技術系　10月20日 |
| 33<br>34 | | 推薦同一都道府県内の場合は17日以降 | 選考技術系　10月20日 |
| 35 | | | |
| 36<br>37 | 求人申込み・求人側による説明会開催等就職事務<br>事務系　7月1日<br>技術系　6月1日 | 推薦事務系　10月1日<br>（文書到着期日）<br>推薦技術系　10月13日<br>（文書発送期日） | 内定事務系　10月1日<br>技術系　10月20日 |
| 38<br>39 | | 推薦　10月1日 | |
| 40〜45 | 就職事務<br>事務系　7月1日<br>技術系　6月1日 | | |
| 46<br>47 | 就職事務　7月1日 | | |
| 48<br>49 | | 説明・訪問　5月1日<br>推薦　10月1日 | 選考・内定　7月1日 |
| 50 | | 求人活動　9月1日<br>推薦　10月1日<br>（内定取消のため２回改正あり） | 選考・内定　11月1日 |
| 51 | | 求人活動　10月1日 | |
| 52〜54 | 求人申込　8月16日<br>学生への掲示　9月16日<br>(54年度)　9月14日<br>（大学団体、文部省、労働省、日経連などで決定） | 接触　10月1日 | |
| 55〜57 | 求人申込　8月1日<br>学生への掲示　9月10日<br>（大学団体、文部省、労働省、日経連などで決定） | | |
| 58〜60 | 求人申込　8月1日<br>学生への掲示　9月10日<br>就職応募書類（推薦状、成績証明等）の発行　10月15日 | | |
| 61 | 求人申込　大学7月10日／短大高専8月1日<br>学生への掲示　大学8月1日／短大高専9月10日<br>就職応募書類（推薦状、成績証明等）の発行　10月15日 | 接触　短大　8月20日／短大高専10月1日 | |
| 62<br>63 | 求人申込　7月10日<br>学生への掲示　8月1日 | 説　明　8月20日<br>訪問（選考）　9月5日 | 採用内定　10月15日 |
| 元 | | 説明・訪問（選考）　8月20日 | 採用内定　10月1日 |
| 2 | 求人申込　6月1日<br>学生への掲示　8月1日 | | |
| 3 | 求人申込　6月1日<br>学生への掲示　7月20日 | 説明・訪問（選考）　8月1日 | |
| 4 | 求人申込　6月1日<br>学生への掲示　7月1日 | 採用選考<br>8月1日前後を目標として企業の自主的決定 | |

出典：文部省高等教育局 1992

では次のように定められていた。

「大学が求人側と交渉し、その就職分野を開拓する努力は、出来る限り早期より積極的に実施すること。」

つまり、実際に求人申込はしないけれども求人を出してもらうような交渉は大学と企業との間で求人申込解禁日以前から行っているということであって、事実上、図2-3の①~③のプロセスは④よりも先んじて行われていたと考えて良い。

その後、年によっては求人申込と選考の解禁日が設定されないときもあったが、一九七五（昭和五〇）年までは同様の内容の就職協定が毎年結ばれることになった。

## 3　大学による就職斡旋の衰退

さて、表2-2を下の方に読み進めていくと、一九七三（昭和四八）年から「推薦・説明・訪問等開始」の欄に「説明」「訪問」「接触」という言葉が登場するようになる一方で、「推薦」という言葉が消えていくのにお気づきだろうか。ささいな言葉の変化だが、実はこれは大卒就職の仕組みの大きな変化を意味している。一九六〇年代から一九七〇年代にかけて、大学による就職斡旋が衰退し、大学が学生を企業に推薦する機会が激減した。そのため、推薦の期日を協定で定めることの意味がなくなったのである。

では、大学による就職斡旋はなぜ衰退したのだろうか。理由は二つ考えられる。

第一の理由は、会社訪問の広まりだ。学生も企業も就職協定を守ろうとはしなかった。学生としてはいち早く希望の企業から内定を欲しいし、企業としてもいち早く優秀な人材を確保したい。両者とも、出遅れると内定・採用の機会を逃すのではないかという不安を抱えていた。そこで、大学による推薦を受ける前に、大学を介することなく学生が企業を訪問して事実上の内定・採用を決めてしまう。これが会社訪問である。こうした解禁日前の接触により事実上の内定・採用を決めてしまう青田買いや早苗買いなどと呼ばれる行為が就職協定下では頻発した。平野（1991）によれば、学生が会社訪問を始めるようになったのは、一九五七（昭和三二）年の就職協定がきっかけだった。選考解禁日が一〇月一〇日と定められ（表2－2参照）、大企業の採用試験がこの選考解禁日に集中したため、「一社を失敗するとどこにも行けなくなるので学生は確実性を高めるため会社訪問を始めた」。その後、会社訪問はどんどんエスカレートしていく。尾崎（1967a: 307）によれば、一九五九（昭和三四）年の就職活動では学生の会社訪問に対応する専門の相談役を置く企業も現れていたらしい。そして、場合によっては大学による推薦の有無にかかわらず会社訪問だけで内定が決まるケースも出てくるようになり、大学による就職斡旋の存在意義が問われるようになった。

大学による就職斡旋が衰退した第二の理由は、「指定校制」への批判の高まりである。指定校制というのは、企業が特定の大学にだけ求人票を送付することを指す。(9) 図2－3の就職斡旋の流れをもう一度ご覧いただきたいのだが、企業が行う「①求人申込」は、実はすべての大学に対して平等に行われるわけではなかった。とりわけ東証一部に上場しているような有名大企業ともなると、いわゆる偏差値ランクの高い大学にのみ求人票を送付するということが常態化していた。

表2－3は、当時の就職情報誌の記事を基に、どの企業がどの大学に求人申込（推薦依頼）したかを示したものである。○が求人申込ありを意味し、○がない場合はその企業はその大学へ求人申込をしなかったことを意味する。いわゆる偏差値ランクによって状況が異なることを示すため、それぞれのランクから代表的な大学を選んで示した。また、銀行、商社、証券会社、生命保険、損害保険の各社のうち、いわゆる業界トップと言われていた都市銀行、一〇大商社、四大証券、大手生保、大手損保の中から記事に情報があった企業を選んで示した(10)。

表を見てわかるように、東大、一橋、慶應、早稲田レベルの大学では表中のすべての企業から求人申込があった。ところが、難易度Bレベルになってくると○なしがちらほらと現れるようになる。私の母校でもある上智大学は、都市銀行C行と一〇大商社F社から求人申込がなかった。「厳密さ」の列を見るとAとあるので、依頼校以外からの応募は一切受け付けなかったらしい。したがって、当時の上智大生は都市銀行C行と一〇大商社F社に入社を希望しても、採用試験を受験することすら許されなかったということになる(11)。こうした状況は、難易度B⁻、難易度Cとなるにつれてさらに多く発生するようになる。

自分は○○大学の学生だからあのあこがれの有名大企業の入社試験は受験できない、このような状況を当時の大学生たちはどう感じ取っただろうか。現代社会に生きる私たちは、「そんな不平不

### 表 2-3　1970 年代初頭の推薦依頼校一覧

| | | | | 国立 | | 難易度 A | | 難易度 B | | 難易度 $B^-$ | | | | | 難易度 C | | |
|---|---|---|---|---|---|---|---|---|---|---|---|---|---|---|---|---|---|
| | | 厳密さ | 推移 | 東大 | 一橋 | 慶大 | 早大 | 上智 | 青山 | 中央 | 武蔵 | 明治 | 明学 | 立教 | 國學 | 日本 | 法政 |
| 都市銀行 | A 行 | C | e | ○ | ○ | ○ | ○ | ○ | ○ | ○ | | ○ | | ○ | | ○ | ○ |
| | B 行 | A | e | ○ | ○ | ○ | ○ | ○ | ○ | ○ | ○ | ○ | | ○ | ○ | ○ | ○ |
| | C 行 | A | a | ○ | ○ | ○ | ○ | | ○ | ○ | | ○ | | ○ | | | ○ |
| | D 行 | C | e | ○ | ○ | ○ | ○ | ○ | ○ | ○ | ○ | ○ | | | | ○ | ○ |
| | E 行 | B | a | ○ | ○ | ○ | ○ | ○ | ○ | ○ | ○ | ○ | ○ | ○ | ○ | ○ | ○ |
| | F 行 | C | e | ○ | ○ | ○ | ○ | ○ | ○ | ○ | ○ | ○ | ○ | ○ | ○ | ○ | ○ |
| 10 大商社 | A 社 | A | e | ○ | ○ | ○ | ○ | ○ | ○ | | ○ | | | ○ | | | |
| | B 社 | C | e | ○ | ○ | ○ | ○ | ○ | ○ | ○ | ○ | | ○ | ○ | | | |
| | C 社 | A | | ○ | ○ | ○ | ○ | ○ | ○ | ○ | ○ | ○ | ○ | ○ | | | ○ |
| | D 社 | A | a | ○ | ○ | ○ | ○ | ○ | ○ | ○ | ○ | | | ○ | | | |
| | E 社 | C | b | ○ | ○ | ○ | ○ | ○ | ○ | ○ | | ○ | | ○ | | ○ | |
| | F 社 | A | a | ○ | ○ | ○ | ○ | | ○ | ○ | | | | ○ | | | |
| | G 社 | C | b | ○ | ○ | ○ | ○ | ○ | ○ | ○ | ○ | ○ | | ○ | ○ | ○ | ○ |
| 4 大証券 | A 社 | B | c | ○ | ○ | ○ | ○ | ○ | ○ | ○ | ○ | ○ | ○ | ○ | | ○ | ○ |
| | B 社 | C | e | ○ | ○ | ○ | ○ | ○ | ○ | ○ | ○ | ○ | ○ | ○ | ○ | | ○ |
| 大手生保 | A 社 | A | e | ○ | ○ | ○ | ○ | ○ | | | ○ | | | ○ | | | |
| | B 社 | A | e | ○ | ○ | ○ | ○ | ○ | ○ | ○ | ○ | ○ | ○ | ○ | ○ | ○ | ○ |
| | C 社 | C | e | ○ | ○ | ○ | ○ | ○ | ○ | ○ | | ○ | ○ | ○ | | | |
| | D 社 | C | e | ○ | ○ | ○ | ○ | ○ | ○ | ○ | ○ | ○ | ○ | ○ | | ○ | ○ |
| 大手損保 | A 社 | B | e | ○ | ○ | ○ | ○ | ○ | ○ | | | ○ | | ○ | | | |
| | B 社 | B | e | ○ | ○ | ○ | ○ | ○ | ○ | ○ | ○ | | ○ | ○ | ○ | ○ | ○ |
| | C 社 | A | e | ○ | ○ | ○ | ○ | ○ | ○ | ○ | | ○ | ○ | ○ | | ○ | ○ |

(表の見方)

厳密さ　依頼校の制限の強さ

A　依頼校以外からの応募は一切受け付けない

B　依頼校以外でも、特に社員・教授の推薦があれば受け付ける

C　依頼校はいちおうのメドであり、依頼校以外からでも応募があれば受け付ける

推移　依頼校の固定・非固定を示す

a　固定している

b　毎年変わる

c　二～三年で変わる

d　四～五年で変わる

e　年々の事情による、ケースバイケースで変えている

難易度　入手できた中で直近となる史料であった『螢雪時代』1969 年 11 月号臨時増刊 47-48 頁を参考にした

出典：『就職ジャーナル』1971 年 2 月号 25-43 頁の情報を基に作成

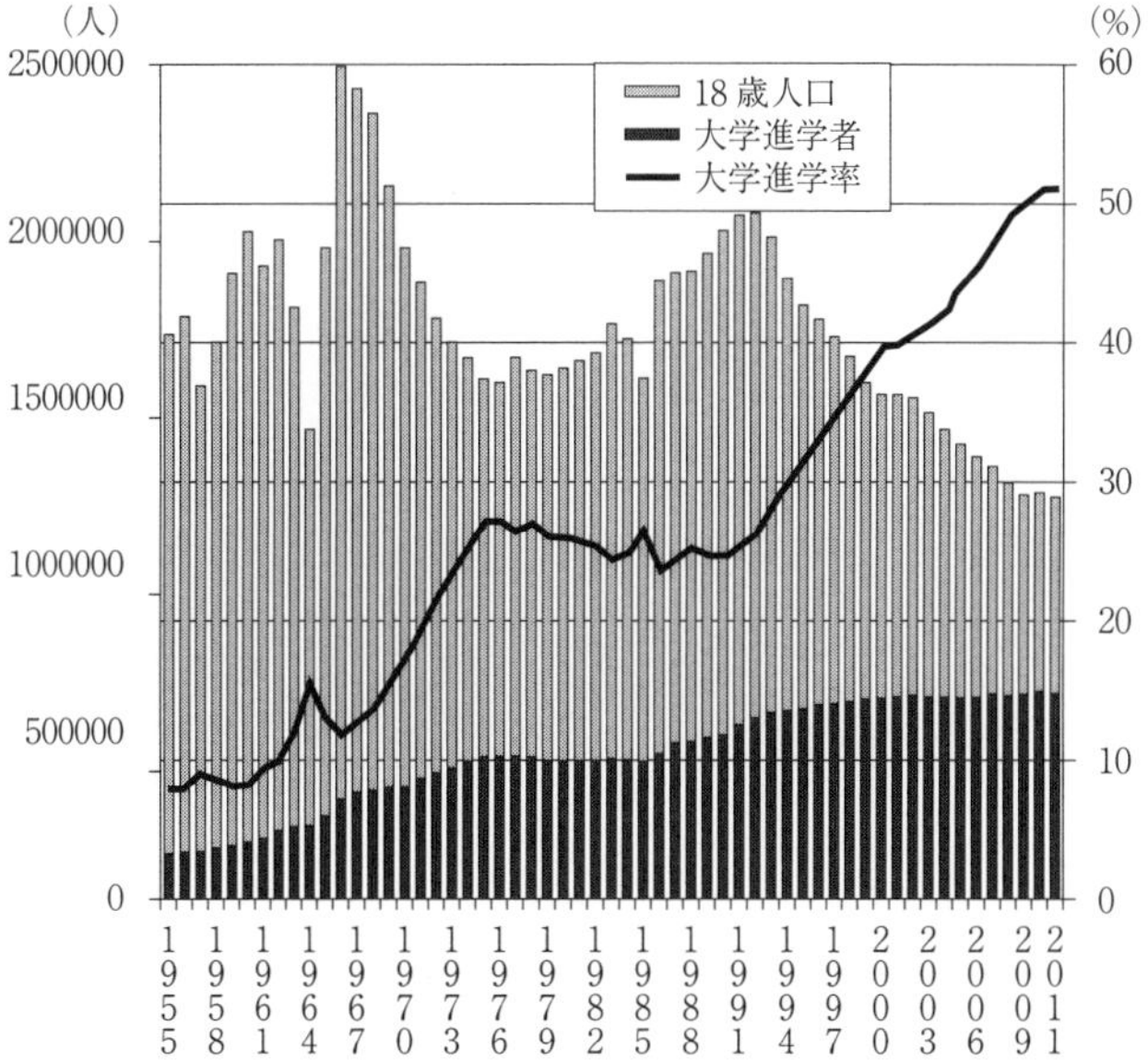


出典：『学校基本調査報告書』各年版

図 2-4　大学進学率の推移（1955 ～ 2011）

満を言うくらいならば大学入試のときに頑張っておけば良かったのに。もっと偏差値ランクの高い大学に入っておけば有名大企業の入社試験を受けることができたのだから、受験できないのは自己責任でしょ。」とばっさり切り捨ててしまうかもしれない。

しかし、当時の日本社会はそんな自己責任論を易々と受け入れられる状況ではなかった。一九六〇年代から一九七〇年代前半にかけての日本は高度経済成長のまっただ中で、大学に関して言えば、大正時代の「大学令」、戦後の新制大学発足に続いて第三の大学拡大が起きた時代でもあった。図２－４は一九五五（昭和

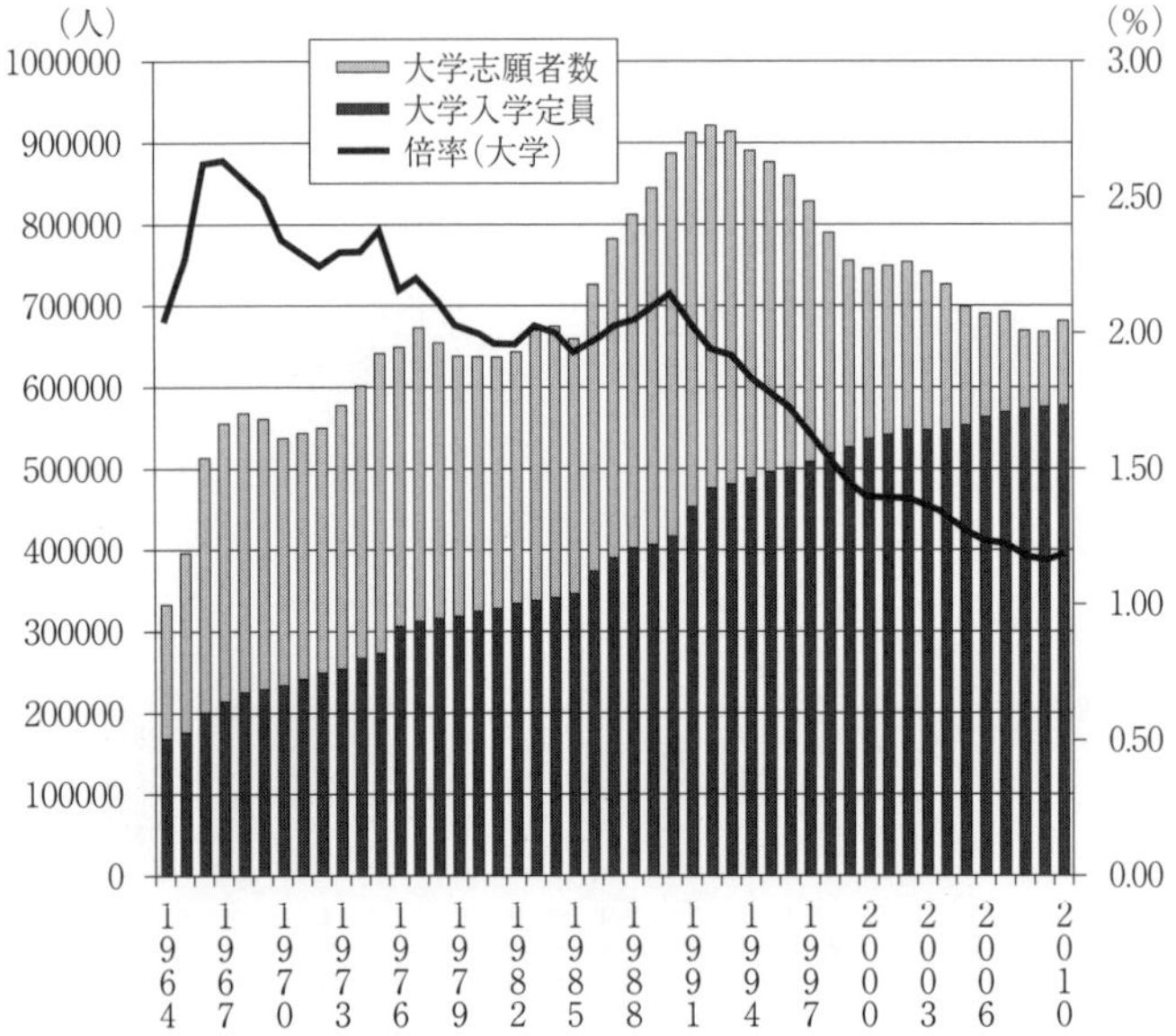


出典：『学校基本調査報告書』各年版

図 2-5　大学志願倍率の推移（1964 ～ 2010）

三〇）年以降の大学進学率の推移を示したものだが[12]、一九五〇年代までは一〇％に満たなかった大学進学率が、一九六〇年代に入って急上昇を遂げ、一九七〇年代半ばには二〇％台後半にまで達した。経済発展に伴って大学進学が可能な人が増えたことが進学率上昇の背景に存在する。

進学率の上昇は、同時に受験競争の激化をもたらした。図2‐4には一八歳人口も記載しているが、一九六〇年代後半には第一次ベビーブーム世代が大学入学年齢に達し、最も多かった一九六六（昭和四一）年には二四九万人が一八歳を迎えた。図2‐5は大学の志願倍率の推移を示したものであるが[13]、この年の志願倍率は二・六三に達している。これだけ志願者が多いと、入学試験は相当厳しい争いになる。たった一点の差が合否を分けることにつながる状況となる。一点差などというのは、もはや能力だけでなく運に左右される世界だ。たまたま今朝見た参考書に同じことが書いてあったので一点多く取れた、たまたまケアレスミスで一点落とした、などはいかにもありそうな話だ。合格最低点でぎりぎり合格した人と、惜しくも一点不足したために不合格だった人との間に明確な能力差があるとは思えない。にもかかわらず、就職の場面になると入試でぎりぎり合格した人には有名大企業を受験する資格が与えられ、一点不足して不合格だった人には受験資格が与えられない。「指定校制」とはそのような仕組みであった。これは著しく不合理・不平等ではないか、と人びとが考えたとしても無理はない。

指定校制を批判する声は一九六〇年代の初めから存在していたが（尾崎 1967a）、大学進学率が上昇し大卒者の数が増えるにしたがって批判の声はますます大きくなった。一九七〇年代後半になるとマスコミの注目するところとなり、また国会でも取り上げられるようになった(14)。企業が指定校制批判をかわすには、大学に求人票を出すのではなく、会社訪問ですべての大学の卒業生を受け入れることにするのが手っ取り早い方法である。そのような事情から一九七〇年代も後半になると大学による就職斡旋はすっかり下火になってしまった。

## 4　自由応募制時代の到来と就職活動シーズンの「早期・晩期」

大学による就職斡旋が衰退する一方で、主流になった方式が会社訪問である。大学の推薦を受けることなく自由に何社にでも応募できることから、自由応募制と呼ばれるようになった。一九六一（昭和三六）年から一九七九（昭和五四）年までの状況を、関西大学就職部の職員は次のようにまとめている（大学職業指導研究会 1979）。

第三期（昭和三六〜四二年）
この期は所得倍増計画、高度経済成長政策をうけて、大学卒業者の就職は就職難から求人難に逆転し、青田刈りはエスカレートして、就職協定は完全に空文化するに至った。したがって大学の就職業務は、ほとんど斡旋業務に終始し、職業安定所や企業の採用業務の下請け的な仕事を分担する存在になってしまった。

第四期（昭和四三〜四七年）
四十四年になると、まだ学生名簿もできていないうちに、採用通知がつぎつぎにきて、事後処理に追い回されるという、前代未聞の現象がおこり、（中略）就職の自由応募時代を生み出し、企業側にとってはごく一部の大手を除いて、求人難の時代であった。

第五期（昭和四八年～現在）
就職業務がここにきてはじめて本来のあるべき姿、それは「就職指導」が業務の中心の座を占めたということは、（中略）重要な転換期であったともいえよう。すなわち就職指導が就職業務の主流となった時期である。学生にとっては、会社訪問という採用試験前の下見研究、見方をかえれば下見せ訪問が盛んになり一般化し、ほぼ完全に近い自由応募の時代となった。

第三期の一九六〇年代には斡旋業務が中心だったこと、第四期の一九七〇年前後は大学の推薦に先立って会社訪問で内定を獲得する学生が増えていたこと、第五期の一九七〇年代後半には大学による就職斡旋がすっかり減ったことが述べられている。そして、就職部の主たる業務が「就職指導」すなわちガイダンスへと変化していったことが描かれている。

では、自由応募制になったあと、大学生の就職活動はどのようなスケジュールで進められることになったのだろうか。重要なのは次の二点である。

第一に、就職協定が一九九六年までは引き続き存続しており、「推薦」に代わって「会社訪問」の解禁日が設定されるようになったという点である。再び表2‐2をご覧いただきたい。前述のとおり、「推薦・説明・訪問等開始」の構成要素が一九七〇年代半ばに変化した。一九七二（昭和四七）年までは「推薦」の解禁日が定められていたが、一九七三（昭和四八）年から一九七五（昭和五〇）年までは「推薦」と「説明・訪問（求人活動）」の両方の解禁日が定められ、一九七六（昭和五一）年以降は訪問の解禁日のみが定められるようになった。

第二に、会社訪問に先んじて学生と企業が接触する方法が生まれたという点である。もともと会社訪問というのは、大学による就職斡旋が主流だった時代において、就職協定が定める推薦解禁日より前に学生と企業が接触することができるよう編み出された方法であった。ところが、その会社訪問に解禁日が設定されてしまったので、いち早く希望の企業から内定を欲しい学生と、いち早く優秀な人材を確保したい企業は、会社訪問よりさらに先に出会う場を設ける必要があった。それが、資料請求ハガキやリクルーター制度、あるいは先輩（ＯＢＯＧ）訪問といった方法だった。(15)

表２‐４は、就職情報誌として学生の間に広く普及していた『就職ジャーナル』誌の記事を参考に、就職活動スケジュールについてまとめたものである。参考にした記事は、いずれも就職活動のスケジュールについて詳しく記載しているのだが、本書の議論に必要なポイントのみを抜粋して示した。ここでは一九七九年、一九八八年、一九九四年の三時点を取り上げている。それぞれ、自由応募制が確立した初期、バブル期、バブル崩壊後で就職協定の最晩期に相当する。この表から読み取れることは二点ある。

第一に、会社訪問解禁日よりも前、正確に言えば、会社訪問解禁に先立って行われる求人票公開解禁よりもさらに前に先輩訪問や資料請求ハガキの投函をすることになっている点である。一九七

**表 2-4　就職協定下の就職活動スケジュール**

| 『就職ジャーナル』掲載号 | 先輩訪問・資料請求ハガキ | 求人票公開（就職協定上の解禁日） | 会社訪問（就職協定上の解禁日） | 内定（事実上の） |
|---|---|---|---|---|
| 1979 年 1 月号 | 〈第三ステップ（7 月～ 9 月）の中盤〉<br>• 先輩を訪問して話を聞く | 9 月 16 日 | 10 月 1 日（接触） | |
| 1988 年 12 月号 | 〈3 学年 3 月～ 4 学年 4 月〉<br>• 先輩にアドバイスを受ける<br>〈4 学年 4 月〉<br>• 送られてきた就職情報誌を読み資料請求 | 8 月 1 日 | 8 月 20 日（説明） | 〈9 月 5 日会社訪問解禁～ 10 月 15 日採用内定開始〉<br>• 複数の内々定企業のなかから 1 社を決めていく。 |
| 1994 年 1 月号 | 〈1 月～ 3 月〉<br>• 資料請求ハガキをたくさん出し始める。<br>• 春休みに、ゼミ・サークルの先輩に電話して、先輩訪問。 | 7 月 1 日 | 7 月 1 日（企業研究会・説明会・リクルーターの接触） | 〈7 月以降〉<br>• 本命企業に落ちまくる。 |

出典：『就職ジャーナル』1979 年 1 月号 46 頁、1988 年 12 月号 14-15 頁、1994 年 1 月号 60-61 頁

九（昭和五四）年は第三ステップ（四年生七月～九月）として先輩訪問を行う旨記載がある。一九八八（昭和六三）年は、三学年から四学年に移行する時期に「先輩にアドバイスを受ける」という記述がある。また四学年のはじめに「送られてきた就職情報誌を読み資料請求」とあり、この段階で資料請求ハガキを出すことになっている。先輩訪問にせよ資料請求ハガキの投函にせよ、この年の求人票公開は八月一日であるから、それよりも前に位置する。一九九四（平成六）年は一月～三月の欄に「春休みに、ゼミ・サークルの先輩に電話して、先輩訪問」という記述がある。また「資料請求ハガキをたくさん出しはじめる」という記述も同時期に見ることができる。この年の求人票公開は七月一日であるから、やはりそれよりも前に位置することになる。

求人票公開解禁に先立って先輩訪問や資料請求ハガキの投函を行うという順番はいずれの年も変わらない。

第二に、会社訪問解禁直後から内定が決まっていく、という点である。一九七九（昭和五四）年の表にはその記載がないが、同号の別の記事に会社訪問解禁後程なくして内々定を獲得した体験が紹介されている。[16]一九八八（昭和六三）年は九月五日の会社訪問解禁と一〇月一五日の採用内定開始の間に、「複数の内々定企業の中から一社を決めていく」という記述があり、会社訪問解禁後に採用内定が出されることがわかる。一九九四（平成六）年は会社訪問解禁直後に「本命企業に落ちまくる」という記述があり、暗にこの時期に内定が出ることを指摘している。

このように、自由応募制になったあとの就職活動スケジュールでは、大学による求人票公開の解禁に先立って先輩訪問や資料請求ハガキの投函が行われ、さらに会社訪問解禁直後には早々と内定が出てしまう。これらはいったい何を意味しているのだろうか。

まず、先輩訪問や資料請求ハガキの投函は、就職活動プロセスの開始を意味する。就職協定による会社訪問解禁日の設定は企業と学生との接触を規制しようとするものであるが、実際には〈会社訪問でない方法〉で会社訪問解禁日以前に企業と学生が接触している。先輩訪問や資料請求ハガキというのは、〈会社訪問でない方法〉の代表例である。また、先輩とよく似た役割を果たすものとしてリクルーターがある。

他方、会社訪問解禁直後の内定は、実質的な選抜が会社訪問解禁日以前に行われていることを意味している。先輩訪問や資料請求ハガキの投函・受領が行われることで、企業側は自社を受験しそうな学生のリストを作成することができるが、そのリストの「ある部分の学生には消極的な反応を示しながら第一次的な候補者を絞り」込み、「実質的な第一次選考」を行う（岩内 1995）。その後、ある企業は会社訪問解禁日以前の「X-day」に、他の企業も会社訪問解禁日以降の短い期間に人事面接を繰り返し、内定者を決定していく。このような事情で、就職協定上は初めて企業と学生が接触する日であるはずなのに、その日にはほぼ内定者が決まっているというような事態が発生するのである。

今見てきたような、会社訪問解禁日を前に進行する就職活動プロセスを、就職情報誌では「第一ラウンド」と称することがある。つまり、先輩訪問やリクルーターとの接触あるいは資料請求ハガキをきっかけとして就職活動を行った場合、その就職活動スケジュールは就職協定が示すものとは全く異なっていて、会社訪問解禁日直後という就職活動シーズン全体から見れば「早期」に内定が決まってしまうようなプロセスなのである。そして、この「早期」が一段落した後の就職活動が就職情報誌風に言えば「第二ラウンド」であり、時期としては「晩期」に相当する。(17)

## 5　就職協定廃止後の就職活動スケジュールと「早期・晩期」

前節では、就職協定上の会社訪問解禁日が一つの目安になって、就職活動の「早期」と「晩期」

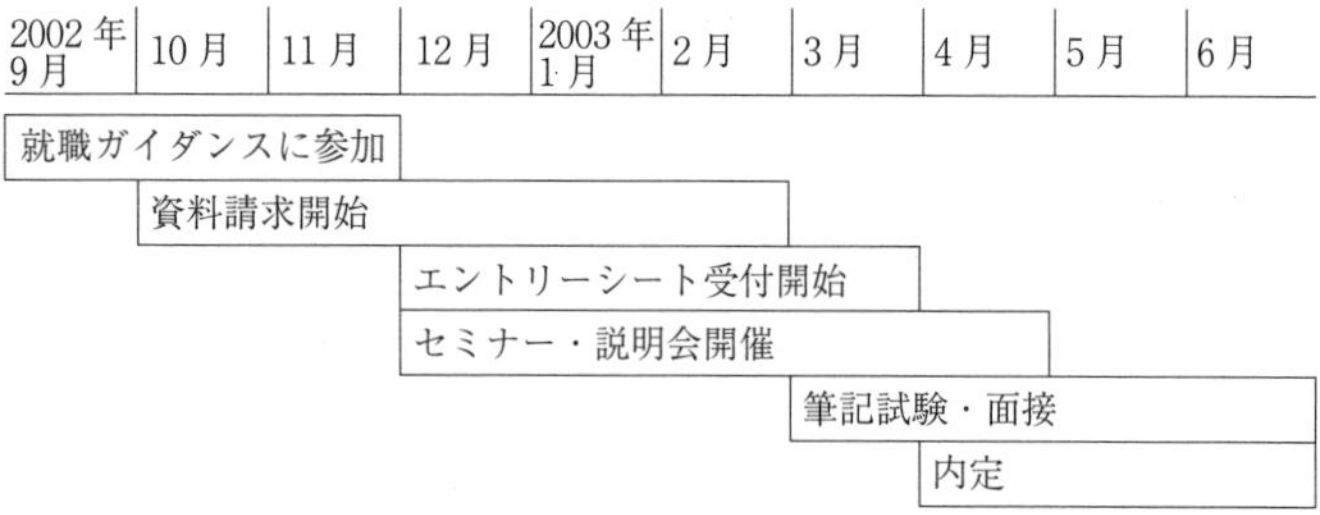


出典：『就職ジャーナル』2003年11月号14頁

**図2-6　就職協定廃止後の就職活動スケジュール**

が区切られていたことを述べてきたが、一九九七（平成九）年に就職協定が廃止されたのちは、この「早期」と「晩期」はどのように変化してきたのだろうか。就職協定が廃止されたあとの就職活動スケジュールについて、前節と同様『就職ジャーナル』誌をもとに検討しよう。

図2-6は『就職ジャーナル』の二〇〇三年一一月号に掲載された記事を参考に、本書の議論で必要な箇所のみ抜粋して作成した。この記事は就職協定が廃止されたあとの就職活動の様子を紹介するもので、「就職活動の一般的な流れ」として図2-6に記載した流れが記されている。ここから読み取るべき点は二点ある。

第一に、企業とのやりとりに先んじて資料請求があるという点である。一〇月から二月にかけてが「資料請求開始」の期間であり、一二月から始まる「エントリーシート受付」や「セミナー・説明会」よりも早い段階で開始となる。この点は、就職協定廃止前のスケジュールと似ている。ただし、異なるのは、資料請求の手段だ。就職協定廃止前はインターネットが発達していなかったのでハガキであった。インターネットが普及してからはWWWサイトを通じて請求を行うようになっている。この二〇〇三年の記事でも、「ネット上で行うのが一般的」で「サイトに載っていない企業には、電話や手紙、ハガキでアプローチ」と説明が加えられている。ハガキかインターネットかという手段の違いだけで、やっている内容は全く同一である。

第二に、就職活動の時期として六月までが主な説明の対象になっているという点である。内定は一般的には四月以降から出ると説明され、記事の別の箇所にある先輩の体験談でも五月までに内定が出たもののみが紹介されていた。内定が出る最初のピークが四月あたりにあることを示唆していると見て良い。

この図2‐6に見るスケジュールの説明の仕方は、表2‐4で見てきた就職協定下の就職活動スケジュールの説明と共通する点がある。それは、本書の言葉を使えば「早期」でスケジュールの説明が終わってしまっている点である。図2‐6が紹介するのは六月までであるが、もちろん六月ですべての学生の就職活動が終了するわけではない。六月以降も、内定を獲得できていない学生は就職活動を続ける。ただ、『就職ジャーナル』としては六月が就職活動のスケジュールの区切りなのであり、就職協定下の言葉で表現すれば「第一ラウンド」の終わりということになる。そう考えているからこそ、図2‐6のような説明の仕方になっていると考えて良い。就職協定の廃止後も、就職協定下の就職活動スケジュールと同様、「早期」と「晩期」が存在したと見て良いことをこの資料は示している。

## 6　大学就職部の業務と「早期・晩期」の関係

ここまでの議論で、一九七〇年代後半以降に大学による就職斡旋が衰退する一方で自由応募制が普及し、就職協定が定めるものも推薦の解禁日から自由応募制における企業訪問解禁日へと内容が変化したことを述べた。ただ、このことは大学就職部が斡旋業務を全く行わなくなったことを意味しない。大学には依然として求人票は届いてくるのであった。

このことを示すのが表2－5である。自由応募制が普及した初期の頃の専修大学における就職部業務を紹介している。出典となった文献には、模擬試験や就職講座などの行事もたくさん書かれているのだが、ここでは本書の議論に必要な範囲で抜粋したものを示した。この資料から読み取れることは次の二点である。

第一に、求人票掲示解禁日までは求人についての情報提供はせず、もっぱら受験準備のためのガイダンスを行っているという点である。この当時は求人票掲示の解禁日は九月一六日であるが（表2－2参照）、専修大学の場合初めて求人情報の提供を行うのは九月に入ってからである。大学就職部が就職協定の解禁日より前に求人情報を提供していないことがうかがえる。そもそも求人情報が提供されなければ斡旋も行えないので、就職活動シーズンの「早期」において就職部は斡旋を行っていないことがここから読み取れる。

表 2-5　自由応募制初期の就職部業務（専修大学）

| 予定月日 | 行事 | 主旨・内容 |
|---|---|---|
| 12 月 | 第一回就職ガイダンス | 就職へのアプローチ |
| 2 月 | 第二回就職ガイダンス | 春期休暇中の準備と対策、求職登録説明会 |
| 4 月 | 第三回就職ガイダンス | 就職の準備と対策、心構え、企業研究、就職情報の収集、選社・選職の方法等について |
| 7 月 | 第四回就職ガイダンス | 夏期休暇中の就職準備と対策（就職情報の提供、会社訪問の仕方、今後の就職作戦の組み方） |
| 9 月 | 第五回就職ガイダンス | 求人情報の提供、就職解禁指導 |
| 11 月 | 未決定者ガイダンス | 求人情報の提供、受験指導 |

出典：大学職業指導研究会 1979：366 頁

第二に、会社訪問が解禁となったあとの就職活動シーズン「晩期」においては、未決定者に対する斡旋を含めた指導を行うという点である。専修大では一一月に未決定者に対してガイダンスを行い求人情報の提供を行うとされている。こうした指導を通じて、就職部による斡旋が行われていく(18)。

次に図２‐７を見よう。これは就職協定が廃止された後の大学就職部の業務を示すものである。出典は、二〇〇六年三月卒業生の就職活動向けに書かれた都内Ａ大学就職部の『就職の手引き』である。Ａ大学は、都内に所在する大規模大学で、一九一八（大正七）年の「大学令」制定後まもなく私立大学に昇格した伝統ある私立大学である。図２‐７は本書の議論に必要な範囲で『就職の手引き』から抜粋して示したものである。なお、図２‐７には示さなかったが、『就職の手引き』の中には、おおむね一〇月から一月までの期間に、「就職フェア」「就職支援講座」「内定者先輩報告会」「業界研究セミナー」「就職部ゼミナール」「新聞有効活用術講座」「キャリアデザイン講座」「就職活動マナー講座」など実にさまざまな行事があることが示されている。就職活動シーズンの「早期」において、就職部は学生に対してさまざまなガイダンスを実施していることがわかる。

さて、図2－7から読み取れるのは次の二点である。

第一に、四月に内定が出はじめると説明がなされている点である。これは図2－6に示した就職情報誌の情報と合致する。図2－6でも内定は四月からと説明されていた。これらのことから、四月ころまでの時期が就職活動シーズンの早期であると見て良い。

第二に、就職活動シーズンの晩期に大学の求人票を利用するよう記載している点である。五月は

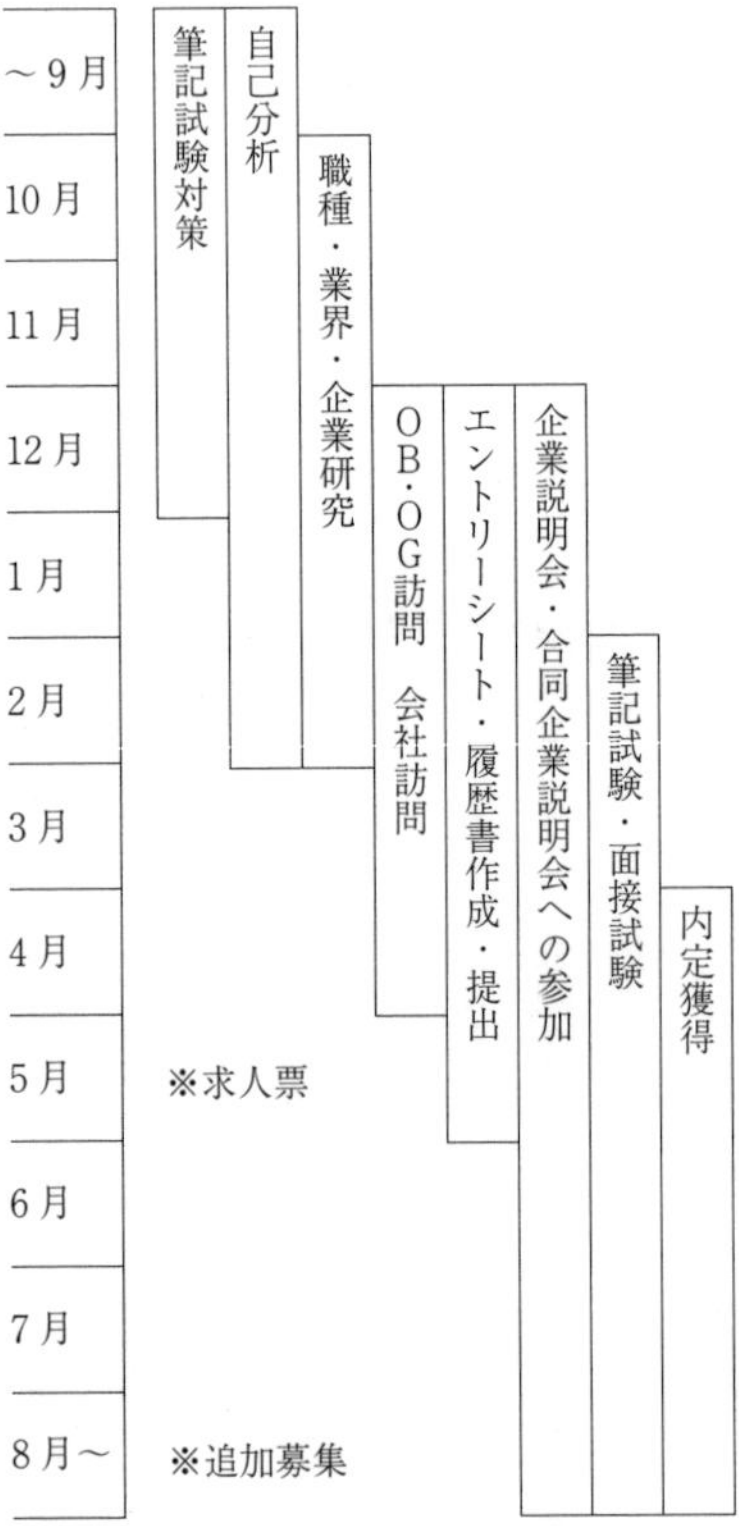


図 2-7　就職協定廃止後の就職部業務
（都内Ａ大学）

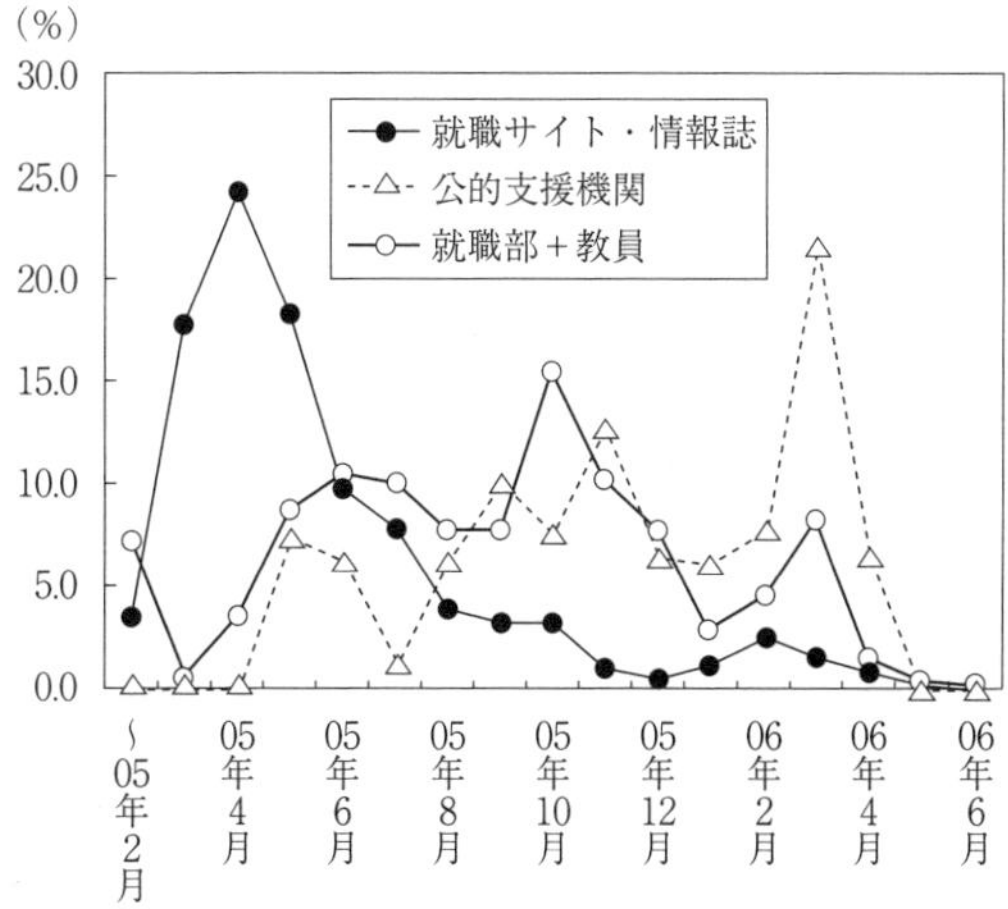


出典：小杉 2007：188 頁

**図 2-8　入職経路による内定時期の違い**

早期と晩期のちょうど境目あたりの時期だと思われるが、『就職の手引き』には「このころから就職情報サイトの求人が減り始めます。ここから有効になるのが大学の求人票です」と注記されている。就職活動シーズンの早期において求人情報を収集するのに役立った就職情報サイトは、五月以降は提供される求人情報が減ると『就職の手引き』は言っている。また、「8月～」の欄を見ると「企業によっては追加募集の可能性もあります。追加募集の情報を逃さないためにも就職課を利用するようにしましょう」と注記されている。このように、就職活動シーズンの晩期においては就職部の求人票が有効であることが繰り返し説明されている。これはつまり、晩期においてはガイダンスのみならず斡旋業務も就職部が提供すると述べていることに他ならない。

こうした晩期における就職部の斡旋業務の存在は、二〇〇五年にＪＩＬＰＴが行った調査（小杉編 2007）からもその存在をうかがい知ることができる。図２－８は、入職経路別に内定時期を見たものだが、インターネットが活動のきっかけとなるような就職活動の場合、就職活動シーズンの早期に内定が決まるのに対し、就職部や教員の斡旋を受けた場合は就職活動シーズンの晩期に内定が決まる傾向がある。なお、出典の表のタイトルは「入職経路別現職の内定時期」となっているが、この調査が行われたのは卒業後三ヶ月の時点で対象者のほとんどが現職＝初職ということであるので、図に示された傾向は初職の内定時期と大きくは変わらない傾向を有していると理解して差し支えない。

## 7 「早期・晩期」の意味するもの

この章では、大学就職部の歴史を振り返り、主たる業務が就職斡旋からガイダンスへと変化を遂げてきた過程を明らかにし、現在は就職活動シーズンの早期にガイダンス、晩期にはガイダンスに加えて斡旋をも行っていることを明らかにしてきた。次章以降の議論において重要となる点をもう一度振り返って確認しておこう。

第一に、大卒者の就職活動シーズンには「早期・晩期」がある。歴史的に見ると、就職協定下で推薦や会社訪問が解禁される日付近を境にして早期と晩期に分かれていたが、この構造は就職協定が廃止されたあとも残ったと考えられ、現在に至っている。

第二に、早期に行われる就職活動は、インターネットの普及前においては先輩訪問や資料請求ハガキの投函が、インターネットの普及後はインターネットでのエントリーが、それぞれ活動開始のきっかけとなるような活動形態がとられる。これに対して晩期では、インターネットに頼る度合いは減少し、大学就職部の求人票など別の情報源を頼りに就職活動を進める形態がとられる。

第三に、「早期・晩期」という就職活動シーズンの時期区分は、大学就職部が行う業務の違いとも対応している。つまり、早期は学生に対するガイダンスを中心に行い、晩期になるとこれに加えて斡旋業務も行うようになる。

本章の議論で最も重要な点は、就職活動シーズンに存在する「早期・晩期」という時期区分である。これは、単に時期を区分するだけにとどまらない意味を持っている。それは、就職活動の形態の違いでもあり、また大学就職部の学生に対する関与の仕方の違いをも内包しているのである。

では、晩期において行われる大学就職部の斡旋というのは、具体的にはどのようなプロセスなのか。そして、斡旋が晩期において行われるということは、斡旋の意義にどのような意味を付け加えることになるのか。この点については次章で検討することにしよう。

## 注

(1)天野は、帝国大学と専門学校の威信の違いを「正系」「傍系」という言葉で表現している（天野

1982）。ここで言う専門学校は旧制のもので、現在の専門学校（専修学校専門課程）とは異なる。

（2）人材需要増に対応するために企業がなぜ新規学卒者を採用するようになったのかについては諸説がある。企業の組織・職務遂行に必要なスキル・人材育成方式などの変化に答えを求めるのが天野（1982）である。企業規模の拡大とともに、組織が官僚制化し、社内で蓄積・獲得される企業特殊的なスキルが増え、一般的な事務処理を担う職員層をまず採用し育成していく中で専門技術者的な職員を選抜していく方式がとられるようになったことなどが、当時企業が新規学卒者を必要とした理由だと天野は論じている。一方、菅山（2011）は、学校による熱心な求人開拓の存在を理由の一つとしてあげている。これは、山名のエピソードと整合する指摘だと言えよう。

（3）「わが国の高等教育は、大学も専門学校もともに、大正から昭和にかけての時期に、従来の官僚と専門的職業人の養成機関から、企業の必要とする職員層の養成機関へと、その構造を大きく変えたわけである」（天野 1982: 188）。明治末期から大正時代にかけての高等教育卒者の就職については、天野（1982）の他、主に企業側の史料を基に明らかにしている菅山（2011）や若林（2007）が詳しいので参照されたい。

（4）早稲田と明治については尾崎（1967a）の記述による。慶應は慶應義塾職員会（1960）、法政は法政大学百年史編纂委員会（1980）、中央は中央大学百年史編集委員会専門委員会（2004）、日本は日本大学百年史編纂委員会（2000）による。同志社は、同志社社史史料編集所（1979b）によれば一九二八（昭和三）年に就職委員会が成立しているが、就職担当の事務組織であるかどうかは判明しない。ただ、同志社社史史料編集所（1979a）に記載の一九四九（昭和二四）年事務管理系統によれば、「職業指導、就職斡旋、就職先への連絡」は学生部が担当することになっており、この時点では就職斡旋を専門に担当する事務部署ができていなかったと思われる。國學院は、國學院大學八十五年史編纂委員会（1970）によれば、一九五三（昭和二八）年時点で學生部の下に人事課という組織があるのでここが担当部署ではないかと推察されるが、明確な説明はなされていない。また、いつから人事課が存在するか史料からは判明しなかった。
(5)職業安定法とその前身の職業紹介法の制定経緯の説明は、菅野（2010）を参考にした。
(6)正確には、一九四九（昭和二四）年の改正職業安定法で定められた三十三条の二に基づく。学校が行う職業紹介には当時三通りの法的根拠があったが、詳細は苅谷・菅山・石田（2000）の第四章を参照されたい。
　第三十三条の二　学校教育法第一条の規定による学校の長は、労働大臣に届け出て、その学生若しくは生徒又はその学校を卒業した者について、無料の職業紹介事業を行うことができる。但し、大学及び高等学校以外の学校の長がその学校を卒業した者について行う職業紹介は、その者がその学校を卒業した後六箇月以内の場合に限るものとする。
(7)戦前にも一部の大学と企業および政府（文部省）の間で同様の協定が結ばれていたようだ。詳細は野村（2007）を参照されたい。
(8)高校生の就職に関しては現在（二〇一二年三月卒業生対象）でも就職協定が存在する。
(9)大学による就職斡旋が広く普及していた時代には、本文で述べたように特定の大学にのみ求人票を送付することを指していたが、あとで述べる自由応募制の時代は、特定の大学の学生にのみ会社訪問を認めることも指定校制と呼ばれていた。
(10)都市銀行とは、第一銀行、日本勧業銀行、三井銀行、富士銀行、三菱銀行、住友銀行、三和銀行、東海銀行、大和銀行、神戸銀行、東京銀行、協和銀行、北海道拓殖銀行、太陽銀行、埼玉銀行を指す。一〇大商社とは、三菱商事、三井物産、丸紅、伊藤忠商事、住友商事、日商岩井、トーメン、兼松江商、安宅産業、日綿実業を指す。四大証券とは、野村證券、日興證券、大和証券、山一証券を指す。大手生保とは、日本生命、第一生命、住友生命、明治生命、朝日生命を指す。大手損保とは、東京海

上火災、安田火災海上、大正海上火災、住友海上火災を指す。
(11)大学から推薦を得られなくても、前述の会社訪問という手段を用いることもできるが、すべての企業が会社訪問を受け付けていたわけではないし、仮に訪問しても大学名を名乗った時点で指定校ではないことを理由に担当者が取り合わない可能性もあった（尾崎 1967a: 314)。
(12)大学進学率の定義は、一八歳人口（三年前の中学校卒業者数）に対して大学入学者数（過年度卒業生＝浪人生も含めた大学入学者数：『学校基本調査報告書　高等教育機関編』に記載のもの）の占める割合である。
(13)志願倍率の定義は、『全国大学一覧』各年版に記載の大学入学定員に対し、『学校基本調査　初等中等教育機関編』に記載の大学入学志願者数（過年度卒業生も含めた大学入学志願者数）の占める割合である。
(14)朝日新聞記事データベースで見出しに「指定校制」が含まれるものを検索すると、一九七七年に集中して記事になっていることがわかる。また、国立国会図書館の国会会議録検索システムで検索すると、「指定校制」が現れる会議録はやはり一九七七年に集中していることがわかる。
(15)先輩訪問やリクルーターについての詳細は、苅谷ほか (1992)、苅谷編 (1995)、苅谷・本田編 (2010) を参照されたい。
(16)「内々定の通知が来た日　一〇月五日（木）（中略）ブリヂストンから電報が届きました。「できれば一一月一日の試験を受けてください。追って書類で連絡しますから」という内容です。もう「ヤッタヤッタ」と大さわぎして、祝杯をあげていましたら、今度は旭化成から電報です。「三回目の面談をするから来なさい」という内容でした。一つ内々定の感触を得たあとでしたから、われながら余裕シャクシャクという感じでしたよ。」（『就職ジャーナル』一九七九年一月号、二二一～二二三頁）
このエピソードの人は、「一一月一日にブリヂストンタイヤの就職試験を受け、めでたく最終内定の通知を受けた」と紹介されている。

(17)『就職ジャーナル』一九八七年一月号、五八～五九頁。

(18)就職情報誌の解説にも、晩期において大学就職部から求人情報を得ることができると紹介されている。

「頻繁に就職部に顔を出していれば、〝特ダネ〟を仕入れることができるかもしれない。担当者に顔を覚えられる程度まで利用すれば、なかなか内定できない場合など、二次募集、追加募集の情報も得やすいだろう。」(『就職ジャーナル』一九八一年二月号、一七五頁)

また、一九八〇年代中盤の就職情報誌にも、晩期には就職部に出向いて求人情報を得るエピソードが紹介されている。

「第三ラウンド（晩期でもさらに卒業を間近にした時期：筆者注）ともなると、企業の採用情報は、個人の収集力だけではどうしても足りなくなってくる。そこで学生たちは友人と情報交換をしたり、就職部を訪ねて相談に応じてもらうなど、企業訪問以外の活動が多くなってきた。」(『就職ジャーナル』一九八七年一月号、五九頁)

# 第三章　就職斡旋における大学就職部の役割

## 学生の選抜・企業の選抜

本章では、大学就職部が就職斡旋において果たしている役割は何かを考える。この問いは、一見すると自明なように見える。就職斡旋なのだから、求人者と求職者の間に立って採用内定に至るように取り持つという役割を果たしているのでは、と思われるかもしれない。確かにそのとおりなのだが、その取り持ち方にもいろいろな形がありうるのではないか、というのが本書の抱く疑問である。求人者・求職者の申込受付や紹介を単に機械的に行うというのも一つの取り持ち方であるし、もう少し意図的に、たとえば数多くの求職者の中から能力の高い人を選び出して求人者に紹介するというのも一つの取り持ち方である。

取り持ち方がたくさんありうるのならば、大学就職部による就職斡旋の場合はどのような形なの

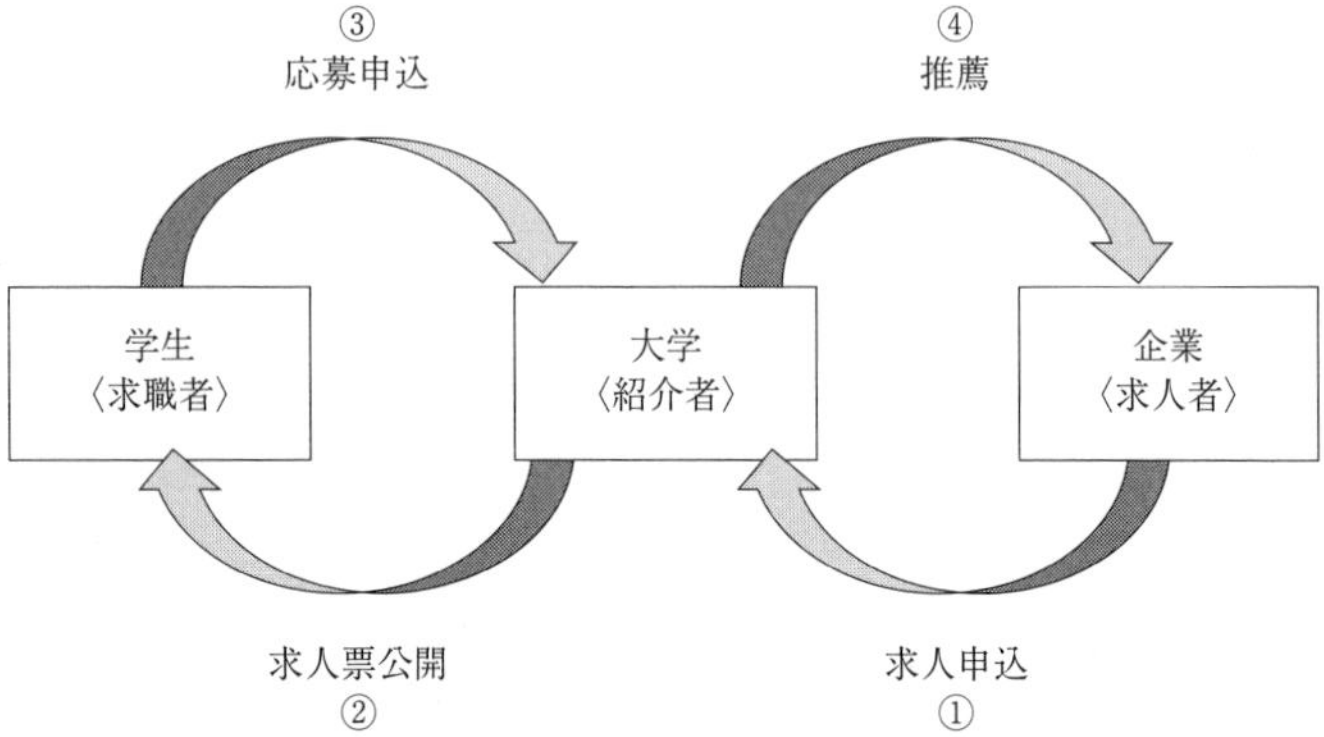


図 3-1　大学就職部による就職斡旋のプロセス

だろうか。この問いを解明するために、大学就職部職員へのインタビュー調査の結果を用いて、就職斡旋の具体的場面、すなわち大学就職部と学生・企業とのやりとりを分析することにしよう。大学就職部は、採用内定に向けていかなる戦略に基づいてどのような働きかけを両者に行っているのだろうか。

## 1　就職斡旋プロセスと紹介者の果たす役割

議論を始めるにあたって、大学就職部が就職斡旋において学生や企業とのようなやりとりをするのかをまず整理しておこう。

図3－1は、前章の図2－3を若干修正したものである。就職斡旋には求人者（企業など）・求職者（学生）・紹介者（大学）の三者が関係し、①から④までの四つのプロセスが存在することは前章で指摘したとおりだ。企業から「①求人申込」を受け、申込を整理した上で学生

に対し「②求人票公開」を行う。学生は求人票の中から希望する企業を選び出し、採用選考の「③応募申込」を大学に対して行う。そして大学は応募者を企業に「④推薦」する。大学就職部がこの①から④までをどのように行うのかによって、求人者と求職者の取り持ち方、すなわち紹介者としての大学就職部の果たしている役割が特徴付けられる。

試みに、一九七〇年代までの大学就職部が行っていた就職斡旋について検討してみよう。「①求人申込」について見ると、当時は大学に求人申込をするのが一般的だったので、多くの求人申込が大学に寄せられていた。その中には前章の表2‐3で示したような有名大企業も含まれていた。有名大企業は、学生にとっては是非勤めてみたいあこがれの企業であるので、「②求人票公開」をすれば当然学生の目に留まり、「③応募申込」が殺到する。しかし、企業からは推薦して欲しい人数の指定があり、申込のあったすべての学生を推薦するわけにはいかない。そこで、③から④に至る過程において、大学での成績などを評価基準として学生を絞り込み、企業の要望に近い人数を「④推薦」することになる（図2‐3参照）。この一連のプロセスの特徴を一言で表すならば、「学生の選抜」タイプということになるだろう。言ってみれば、大学就職部は企業に成り代わって応募者の選考絞り込みを行っていたのである。

では、現在行われている斡旋、すなわち就職活動シーズン晩期での就職斡旋もやはり「学生の選抜」タイプなのだろうか。前章で述べたように、大学就職部は、一九七〇年代を境にその主たる業務を就職斡旋からガイダンスへと変化させてきた。ただ、就職斡旋を完全にやめてしまったわけではなくて、現在でも就職活動シーズンの晩期を中心に引き続き行っている。晩期に行われるということが、大学就職部の役割をどのように特徴付けているのか。以下では、就職部職員へのインタビュー調査(1)の結果を基に検討を進めていきたい。

## 2　求人申込

まず、「①求人申込」のプロセスから見ていこう。一般的に言って、「①求人申込」で紹介者が行うことは二つある。一つは企業から自発的に申し込まれてくる求人を受け付けることで、もう一つは紹介者が求人者に働きかけて求人を申し込むよう依頼する「求人開拓」である。インタビュー調査の結果によれば、大学は求人が申し込まれるのを待っているだけでなく、求人開拓も行っている。

大学が企業に対して行う「求人開拓」には二つの異なる目的がある。一つは採用実績のある企業に対して行われるもので、これは言わば「お礼参り」とでも言うべき企業への挨拶であり、就職部の職員が中心となりときには教員も駆り出されて行っている。その様子について、就職部職員は次のように語っている。

職員A「まず内定をもらった所は必ずお礼に行くように、お礼に翌年度行ってます。」（L大学）

職員A「ここの大学は本当に最初のころから先生方と事務職とで企業訪問を毎年しているのです。毎年しているんです。それが今二〇〇社ぐらいです。それが、ずっと以前からつながってるもんですよね。」
職員B「今年入ったから来年もよろしくとかですね。」（M大学）

L大学のA職員が述べるように、企業訪問の目的は学生に対して内定を出してくれた企業に「お礼に行く」ということなのであるが、それは単に「お礼」を言いに行くだけではなく、M大学のB職員が述べるように「来年もよろしく」ということも含みとして存在している。また、単に「来年もよろしく」というだけでなく、より長期的に「ずっと以前からつながってる」という状態にまで達することも狙いとして含まれている。このように、学生に対して内定を出した企業を訪問することで、大学は企業との間に求人求職をめぐって組織間の継続的な関係を作ろうとしているのである。これは、高卒就職において学校と企業との間に制度的リンケージ（Kariya and Rosenbaum 1995）としてのいわゆる「実績関係」が取り結ばれるのと状況として非常によく似ており、この点においては大学就職部の役割は高卒就職における学校と重なる点がある。

ただ、「お礼参り」として訪問する企業は自ずと絞り込まなければならない。なぜならば、学生の内定先は多数存在し、その一方で訪問に携わることのできる教職員数には限りがあるからである。事実、M大学は、別途提供を受けた就職実績に関する資料によれば二〇〇二年の就職先企業数は三六九社であるので(2)、M大学のA職員が語っているように毎年の訪問企業数がほぼ「二〇〇社くらい」ということであると、M大学は内定があったうちの五割強程度の企業を回っているに過ぎない。では、訪問する企業としない企業というのはどのように決められるのか。M大学の職員は訪問する企業について先ほどの発言に続き次のように語っている。

職員B「われわれ職員が行って、企業さん、一流の企業さんを回って、どうか本学の学生をよろしくということで毎年行っているのです。」
聞き手「一流という言葉が出ましたけれども、割と大手の企業を回っている、大手が中心ですか。」
職員B「そうです。」
職員A「結果的に言えば、例えば金融の所をずっと回るとか、製造業の所を回るとか、あとは地理的にそこへ行ったら効率良く回りたいわけです。その中である会社を選んで訪問するという感じです。それは就職担当の方で一生懸命に会社を選んで回っていく。」
職員B「学生の希望もありますからね。そういうのを加味しながら。」(M大学)

M大学の場合、訪問する企業を選ぶ際の基準としては一流企業であることや学生の希望などが用いられるということを示している。もちろん、一流企業を中心に回るかどうか、あるいは学生の希望を加味するかどうかは各大学によって方針が分かれるところだろうが、肝心なのはA職員の「就職担当の方で一生懸命に選んで」という発言である。内定先企業のすべてを訪問することはできないという時間的・物理的な制約条件の下で、大学は訪問企業を方針なく決めているわけではなく、一定の基準を作って訪問する企業を選んでいるのである。

一方、内定の実績がある企業に対する「お礼参り」とは別に、実績のない企業に対して言わば「新規開拓」のような働きかけも行われる。これが二つ目の目的の「求人開拓」である。その様子を就職部職員は次のようにインタビューで説明している。

職員A「いろいろな開拓をやっています。（中略）△△（大学所在地の市名）の町の中の企業さんとか、地元採用があるような出先機関がありますね、営業所とか支店とか。そういう所をローラーみたいなかたちで。何社ぐらいだっけ？　この間一人三〇社、九〇ですよね。それが前は六〇〇社ぐらい回ったのです。今ピックアップしているのが一〇〇社ぐらいまだありますから。」（L大学）

職員A「うちですと、この学部で今三〇人の教員がいて、もう一つの方（学部：筆者注）でやはり三二名。計六二名のうち四〇名ほどが企業に名刺を配りに行くのです。年に一回、九月から一一月の間は自分で選択してもらうのですけれども、一人が大体三社ないし四社名刺を配ってきてもらって、そこへ春先に求人票を入れるか入れないかということもやっています。あとは経済誌や何やらをわれわれが丹念に見て、今時流に乗っていそうな会社に春先から求人票を送り込んだりして、俗に言う新規開拓をやっています。」（P大学）

「新規開拓」に回れる企業数にも限りがあることは、「お礼参り」のために訪問できる企業数が限られていることと事情は同じである。L大学の場合は訪問する企業の選択を「ローラーみたいなかたちで」と述べているが、このことは基準なく訪問を行っていることを意味しない。そうではなく、大学所在地の△△市に限定して求人開拓を行っているのである。また、P大学では「今時流に乗っていそうな会社」という基準がある。いずれにしても、訪問する企業は方針なく決まるわけではなくて、何らかの基準を各大学が設定した上で選択されて決まっているのである。

まとめると、図3-1のプロセス①において、大学は企業から自発的に申し込まれてくる求人を受け付けるのと同時に、「お礼参り」と「新規開拓」の二種類の「求人開拓」を行っている。特に「お礼参り」については大学と企業という組織間における継続的な関係の構築を目指して行われる側面もあり、この点については高卒就職で学校が果たしているのと似た役割を大学就職部は果たしている。ただ、「お礼参り」も含めて「求人開拓」は基準なく行われるのではなく、大学が設定する基準に従って訪問する企業を選んで行われる。つまり、企業からの求人を無条件に集めようとしているのではない。

## 3　求人票の公開——良い企業と悪い企業

前節で見たようなプロセスを経て企業から大学へと求人が申し込まれ、大学へ申し込まれた求人は大学就職部によって学生に公開される。これは、図3‐1で「②求人票公開」と表現されているプロセスである。

公開にあたって業種別や事業所所在地別などに求人が整理され、ファイリングされたりあるいはデータとしてコンピューターに入力されるなどして、学生の利用に供される。大学に申し込まれた求人は、いずれにせよすべてが閲覧可能な状態になるであろう。しかし、学生が申込みをするのはその中のせいぜい数社から数十社に過ぎない。斡旋のプロセスにおいて大学就職部職員と学生とのやりとりの中で、企業の絞り込みが行われていくのである。それは、学生が自身の希望を加味するなどして選択肢を絞った結果であると同時に、他方で大学就職部の指導によって選択肢が絞られたということでもある。この節で注目するのは、大学就職部の指導で選択肢が絞られる場合である。大学就職部は、求人企業の中から実際に受験する企業を絞り込む際の指導にあたってどのような基準を持ち合わせているのだろうか。

ここで手がかりになるのは、求人の質である。大学就職部の職員は、すべての求人が「良好な条件の職」を提供するとは考えていない。求人の中には良し悪しがあると考えている。次に示す就職部職員の発言がその例である。

聞き手「あと、相談に来る学生さんに関してですね、個別の企業についてどうだという質問かなりあると思うんですけども、そういうものに関してはですね、個別に相当応じているんですか。この企業はこうだとか、あるいは先輩はこうだったとか。」

職員A「そうですね。全部が全部われわれが把握はできてませんけども、あまり行かせたくない企業さんには、まああったり、いろいろ情報なりはできるだけ学生に伝達というか伝えていますけれども。」

職員B「OB名簿を見て、直接OB訪問してお伺いするようにということも、そんなにないんですけど、あまり勧められない職種もあるんで、こういう職種はこういう状況だよっていうことは伝えてます。離職率の高い。」(H大学)

このA職員は「行かせたくない企業」という直截な表現で、必ずしも「良好な条件の職」とは言えない求人の存在について述べている。またB職員も同調する形で「あまり勧められない職種もある」と述べ、その具体例として「離職率の高い」という点を指摘している。そして、就職部職員の目から見ると、学生はこうした条件の良し悪しを熟知していないように映っている。H大学のA職員は次のようにも述べている。

職員Ａ「例えば私がよく例を出すんですけどね。◇◇（具体的な企業名：筆者注）ってどんな会社かご存じですかってまず言うんですね。◇◇っていったって私も就職部にいるから何とかわかるんですけど、あれは宇宙ロケットの部品の製造してる大手メーカーなんですよね。その学生、うちにも業界研究会で来ていただきまして、今年内定もらっているかな。そういうかたちで名前が聞いたことなくても、われわれの生活に直接関係のない企業さんでも、そういう大手のたくさんあるんだよっていう意味で例題としてよく◇◇なりだとか使わしてもらっているんですけどね。そんなことで、まず自分が何をやりたいのかから絞っていって、それからいろんなかたちで選択するようにと。どうしてもやっぱり知名度に左右されるのは、これはやむを得ないかもわかりませんが、団子状態になっちゃいますんでね。」

聞き手「そういうところが一番就職部のですね、アドバイスのしがいがあるというか、学生自身だけでは気付かない。」

職員Ａ「ですから業界研究会もですね、名前の聞いたことない会社さんからたくさん来るんですが、その業界ではもうトップクラスもたくさんありますのでね。ですから全部こちらのほうで、例えば◇◇だったらこういうもの扱ってて、年商こうでどうのこうのというのを全部表にして学生に配るんですね。そうすると知名度ばかりでなくて、こういうのなら私もやってみたい、僕もやってみたいということで積極的にこの二月に実施する業界研究会に参加して、企業さん

と学生の橋渡しみたいなかたちでわれわれこれに力を入れているんですけれどもね。」（H大学）

「名前が聞いたことな」い、あるいは「われわれの生活に直接関係のない」ような「知名度」の低い企業でも良い企業というのはあるのだが、学生はそれを知らない。大学就職部はそのような認識に立っていて、それゆえ指導のプロセスにおいてそうした企業を学生に知らしめるような取り組みを行っているとA職員は述べている。

また、P大学のA職員は「良好な条件の職」を提供する企業について、次のように述べている。

職員A「やはり、企業に入って企業はそれなりに育ててくれるのです。育ててくれない企業もありますよ。もう使っただけで、すとっと放り出してしまうような企業もあります。同じ卸・小売りでもそういうようなスタンスの所もありますし、そこは選別しないといけないです。」
聞き手「そういう情報は……。」
職員A「あります。」
聞き手「育ててくれるところの方がよい？　当然ですけど……。」
職員A「そうです。うちの学生のようなのんびりタイプというのでしょうか。子どもによく言うのは「おまえらの脳みそは、新品のパソコンと同じ。ほとんどハードディスクに何にも入っていないよ。だから企業に行ったら、その企業の常識というものをみんなハードディスクに入れてもらって色付けろ」。企業にもそのように話します。「使い勝手はいいですよ。何も入っていませんか。履歴ないですから、それなりに育ててもらえばしっかり育つから」という話はよくします。」（P大学）

ここでは「育ててくれる企業」という表現で、「良好な条件の職」を提供する求人のことを述べている。その一方で「使っただけで、すとっと放り出してしまうような」「育ててくれない企業」もあることを指摘している。このように、良い企業とそうでない企業があり、両者を「選別」した上で良い企業に入る方が望ましいことを述べている。

学生に対して「育ててくれる企業」を選ぶよう指導する根拠としてP大学のA職員が述べているのは、大学生が未熟な存在だからだということである。学生を指す表現として「子ども」という言葉を用いたり、あるいは入社前の学生は「新品のパソコン」の「何も入っていない」「ハードディスク」という表現をしたりしていることに象徴的に表れているように、就職部職員の視点からは学生は社会に出る前の未熟な存在なのである。こうした見方は、高卒就職において学校が生徒を見る見方と非常に似ている。そして、一般の労働市場においては求職者が独立した一個の経済主体だとみなされることとも大きく異なっている。成年であるとは言え、大学生も保護すべき、そしてまた教育的配慮をすべき存在としてみなされうることを示している。

## 4　企業の選抜――企業選択の指導

今見てきたように、大学就職部はすべての求人が「良好な条件の職」を提供するものではないと考えている。数ある求人の中から「良好な条件の職」を見極めることは大学生にとっては必ずしも容易ではなく、それゆえ指導が必要であるというようにも捉えている。では、良い企業というのは指導の場面で具体的にどのように学生に伝えられていくのだろうか。例を示しながらその様子を描いていこう。

まず、未内定者を対象としたガイダンスの場面である。知名度は低いが良い企業というものがあると述べていた前出のＨ大学のＡ職員は、学生に伝達する場面を次のように述べていた。

職員Ａ「七月、九月にフォローガイダンスするんですけどね。その中で情報誌からもいろんな情報、まだ今の段階で採用活動している企業さんのリストをもらったり、それからうちのほうでも今求人票来てて、まだ採用継続している所を全部ひろって紙のものにして全部配るんですね。その中で受けたい所をピックアップして積極的に動くようにというかたちで。それが七月と、休み明けの九月と。それからいつだっけ。」

職員Ｂ「今年三回くらい。」

職員Ａ「やってるんですけれどもね。」
職員Ｂ「で、ガイダンス形式でやって、その都度企業、ちょっと会社を説明して、こういう会社はこうだよという。どうしても学生は名前で選んじゃうんですけど。」
聞き手「知名度。」
職員Ｂ「知名度よりも中身でっていうことで。」
職員Ａ「そうですね。」
聞き手「知名度的にはあれだけれども、非常にしっかりした企業もたくさんある。」
職員Ｂ「ええ。」（Ｈ大学）

ここで話題になっているのは「七月、九月」という就職活動シーズンの晩期における就職活動である。「知名度」の高い企業というのは大手企業に多いが、大手企業の就職・採用活動は就職活動シーズンの早期に主に行われ、晩期においては少ない。したがって、もし晩期で「知名度」だけが企業の選定基準になっているとすると、「知名度」の高いような大手企業は晩期で採用活動をあまりしていないので、応募先企業が見つけられなくなってしまう可能性が高い。つまり、晩期で採用活動をしている企業はどれもこれも「知名度」が低いので、学生の目にはどの企業も大差ないように見えてしまうのである。ところが、就職部職員の立場からすればこのような見方は誤りで、「知名度」が低い企業の中にも「中身」を判断基準にすれば良い企業と悪い企業がある。そして、「中身」の良い企業は就職先として申し分ないと考えているのである。H大学では、このような「中身」で判断するという考え方を晩期におけるガイダンスを通じて学生に伝達しているというのである。就職部としてはこのような考え方を学生に伝達することで、「知名度」が高く魅力的な企業がないので就職活動を止めてしまうとか、あるいは「知名度」が低くどこも大差ないので闇雲に手当たり次第受験してしまうといった事態を防ぎたいという思惑があるのかもしれない。

次に見るのは、個別指導の場面である。大学就職部は、面談等を通じて学生に具体的な企業を示しながら受験を促すことがある。以下に示すのはその例である。

職員A「こういう時期になって、四年生に「この会社は先輩も行っているし、絶対いい会社だから受けなよ」と言うと、かなり意欲的に動いたりする。」(O大学)

聞き手「どこに行け、というのはもちろんおっしゃらないと思いますけども、相談を受けたときにこういう企業は比較的いいんじゃないかというようなサゼスチョンをする場合に、どういう基準でそれはなさるんですか。」

職員A「やっぱりその基準というか、先輩が行っていて、先輩が一人こちらにまた送ってくれということで人事部を通してくるんですよ。そういう所には、「おまえ、こういう所もあるからね、行きなさい。どうだ受けてみないか」ということでは話をするんですよ。それとまた、ちょっと私も就職長いものですから、企業さんのほうから、「いや△△（E大学の略称：筆者注）さん、一人、去年は駄目だったけど今年は一人必ず採るから、誰か送ってくれないだろうか。信用できる学生を」ということで、そういうことでは今度、私のほうで「おまえ、どうだ」と、個人面談の中で「ああ、こういう業種を選んでるんだな」。呼んでね、「お前、こんな企業さんがあるから、どうだ、行ってみないか」って。そして学生に話をするというケースはけっこう多いですね。」（E大学）

O大学のA職員が述べている「こういう時期」というのは、インタビュー調査が実施された一二月を指している。一二月という卒業間近の時期になってもなかなか決まらない学生に対して、過去に採用実績があり今も先輩が勤め続けていることを一つの理由にして、そういう企業を「いい会社だから」と受けるように勧める場面について述べている。また、E大学のA職員も過去に採用実績のある企業を同様に勧めている。

ガイダンスや個人指導を通じて良い企業への応募が勧められる一方で、条件の良くない企業は応募を見合わせるよう指導をする場合もある。以下に示すのは、その一例である。

職員A「それで、今度一二月になって、年度末になって友達が受かったと。あ、これ俺は駄目だっていうんで発奮する学生も中にはいるわけですよ。その時遅し、今は追加募集っていうのは少なくなっちゃってるわけ。そうすると来るのは、そういう会社って言っては失礼だけど、大した会社じゃなくて、従業員が五〇人以下だとか三〇人以下だとか、そういう小さいとこになっちゃうんですよ。だから学生には、自分でやりたくない所に行ってもしょうがないんだから、そういう所は必ず入っても辞めちゃうという、離職率の問題も出てくるんで、「そういうことはやめなさい」と。自分で行きたいんであれば会社に行って、一週間でも二週間でも働かせてもらって、合うか合わないか、そういう体験しなさいと。インターンシップっていう制度もあるんだけども、そういうものを経験して、それで社長にお願いして、それですべて自分で気に入れば、そこでじゃあ内定していただくというかたちをとったら。下手にどこでもいいからっていうのは、そういう人は駄目ね。大体一年以内に辞めちゃう。まあ人間関係もあるんですけどね、まあ一つはやめるっていうのは人間関係、いいところと悪いところと出てくると思うんですけれども、まあ大企業になればそういう組織的な面もあるからね、ある程度実践でやらせるようになるんだけど、どうしても中小企業になると即戦力という、二、三ヶ月ですぐにやれというかたちで、やらせるでしょうからね。そうすると、そこらへんで自分の自信ないまま仕事をしても、ああこりゃ無理だということでやめちゃう。そこら辺の指導が難しいんですよ。」

（J大学）

ここでは、企業規模の小ささが条件の良くない職として認識されている。規模の小さな企業は

「即戦力」を求めがちで、学生によってはあわないことがあり、焦ってそのような企業に就職しても離職する可能性が高いので、いきなり応募することはせずにまずはインターンシップなど事前に体験させてもらってから判断すべきだと述べている。一二月という卒業間近になっても、企業の良し悪しを見極めてから就職するような指導をJ大学のA職員は行っていると述べているのである。

また、以下に見るのは斡旋の場面の話では必ずしもないが、重複して内定を獲得した場合の指導においても良くない企業の内定を辞退するよう指導されることがある。

職員A「比較的たくさん受けて四社、五社と内定をもらってくるんですけども、その企業さん、企業さんには大変失礼な話かもしれませんけれども、非常に離職率の高い企業さんであってみたりというケースがあるものですから、そういうケースの場合は就職部の方でもあえてそこを薦めませんので。あと、その企業さんのことを本当にわかっているのかどうかという話をしたうえで、本人の方がちょっと自分はそう思っていなかったとか、企業さんはそういう話をしていなかった、いい話しか実は聞いてなかったということで、私ども、すぐ先輩とか紹介して、たとえばやめた先輩なんかも紹介して実際話をしてもらって、そのうえでせっかく内定をもらったけれども全部断るという学生ももちろんいますので。」（F大学）

このF大学のA職員は、前出のH大学B職員と同様、離職率の高い職を「良好な条件の職」とは

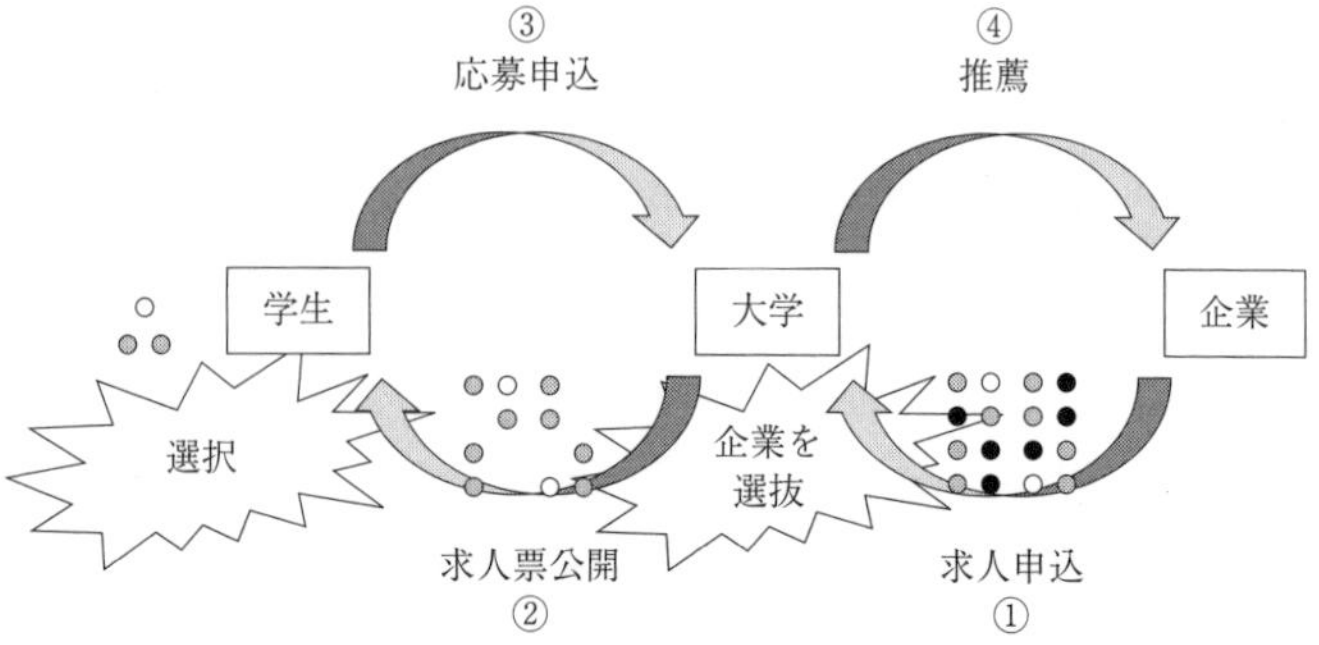


図 3-2　大学による就職斡旋のしくみ（自由応募制のもとで）

いえない求人として認識し、そうした企業を就職部としては「あえてそこを薦めません」と述べている。そして、もし学生がその企業の離職率の高さを知らないのであれば指導を通じてその事実を知らしめ、内定辞退へと向かうよう仕向けている。このことは、学生と企業との直接的な交渉によっていったん内定獲得が成立したものを、大学就職部が指導によって解消させていることを意味している。もちろん、すべて内定を辞退してしまった場合は就職活動をやり直すことになるので、この相談の延長上で就職部の指導の下、企業を選んでいくことになるであろう。場合によっては就職部の斡旋を活用することにもなり得るが、いずれにせよ辞退した企業よりは「良好な条件の職」を提供する企業を目指すことになるはずである。

第3節と第4節の検討で明らかになったことは、大学就職部はガイダンスや個人指導などの場で学生に求人を提示する際に「良好な条件の職」を勧め、そうでない企業は勧めないという行動を取るということである。これは、数ある求人申込の中から「良好な条件の職」を提供する企業を選んでいることに他ならず、端的に言えば「企業の選抜」を行った上で求人を学生に提示しているのである（図３－２）。

そうした指導を行う背景には、学生を未熟な存在とみなす見方があった。大学生は成年であるとは言え、独立した一個の経済主体とはみなされず、教育的配慮のもと未だ保護すべき対象なのである。この点では、高卒就職において学校が取る立場と似た立場を大学就職部は取っていると見ることができる。

## 5　学生の選抜

前節までは、企業から学生へと求人情報が伝えられる過程で大学就職部がどのように関与するかを見てきたが、この節では図３－１の「③応募申込」と「④推薦」のプロセス、すなわち学生が企業に紹介される過程において大学就職部がどのような役割を果たしているかについて見ていこう。

ところで、一九七〇年代までの大学就職部は、企業の代わりに応募する学生を絞り込む「学生の選抜」を行っていることは第１節で述べたとおりだが、このような学生の絞り込みは今でも行われているのだろうか。学生を絞り込んで企業に推薦することを「学校推薦」や「学内推薦」と呼ぶことがあるが、全国の大学就職部を対象として二〇〇五年に行われたＪＩＬＰＴの調査によれば、回答のあった五一〇大学中、文系の学部で学内推薦が行われているのは五〇・三％にすぎず、学生の利用率も平均が一・一割で、最頻値は一割でしかなかった（労働政策研究・研修機構 2006）。実際、就職部職員インタビュー調査でも、学校推薦を行う企業は非常に少ないと大学就職部職員は述べていた。以下はその例である。

聞き手「あとちょっと話飛びますけれども、就職で最近、工学系だと今でも推薦というのはかなりあると思いますけれども、文科系の就職の場合、学校推薦というようなものは今どんな感じになっていますか。」

職員Ａ「ほとんどもう昔と違って自由応募が主流になりますけれども、（中略）大学の方で三名なら三名絞って欲しいという企業さんは何社かございます。」

聞き手「それはもう、数えるほどぐらいですか。」

職員Ａ「そうですね。昔はもうほとんどと言っていいぐらい企業さんでは学校推薦ということで、学校の方で絞って。」

聞き手「そうですね、特に大企業、△△（電力会社の具体的な企業名：筆者注）とか。」

職員Ａ「そうですね。ところが今はもうなんぼ成績が優秀でも、ましてや入学した時の成績が優秀でも、たとえば打てば響かない学生では困るだろうしということで、もちろん成績が優秀で行動力がある学生が一番望ましいんでしょうけども、どうしてもやっぱり学校推薦になるとある程度きちんとした成績なりも見ますものですから、それならば同じ土俵の中に入れて欲しいということで自由応募に変わってきているのが現状でして、中で企業さんの方でいろんな面談なりしていただいて、それで合否を決めてもらったほうが望ましいということで、ほとんどが自由応募に変わっていますけどもね。」

聞き手「そうですね。学内で先に選考してしまうってのはほとんどないと考えてよろしいんですね。」

職員Ａ「ほとんどないとは言いませんけども、数は非常に少ないですね。」（H大学）

職員Ａ「昔の学校推薦というのは指定校推薦で、こちらが推薦すれば三人のうちの二人は必ず入るという程度のものだったんですが、今は学校推薦というのは、たくさんの大学に優秀な学生を推薦させるだけのことで、五大学に三人ずつさせて一人採るとか。大学はやはり成績で足切りをしますので、自分が足切りをしないで済むと優秀な人間から選抜ができるだけで、決してその採用については確約をしないという方に切り替わっているのが今の学校推薦の実態ですね。」

聞き手「今でもそういう学校推薦の企業は残っているんですか。」

職員Ａ「短大はかなりあって、大学は若干あります。」（G大学）

H大学のA職員もG大学のA職員も、共に学校推薦の数は少ないことを述べている。他方で、学校推薦でない形での紹介を大学就職部は行っている。次に見るのは、その例である。

職員Ａ「いい求人ていうか、非常に学生にとって名前が知られてないような企業さんで非常にいい求人が来て、来たとしてもそれをうまく紹介できるかとするとなかなか難しいですよね。（中略）たまたま、変な話ですけども、たまたまその時に相談に来ていて話をしている時に、こういう所も希望していますという話が出れば、たった今こういう求人があったけどどうだいって、もちろん声をかけることはあります。だから学生にはそういうチャンスもあるので就職課には通った方がいいよという話はするので。やっぱり私どもも顔と名前がわかっておれば、あの子を紹介してみようかなとか、あの学生に声をかけてみようかなと思いますからね。企業さんから誰か、こういうことでこういう人がいませんかと言われた時に、やっぱりいの一番に考えた時に、あの子、さっき来ていたけどあの子どうかなと。記憶の中にありますので、職員が顔と名前を覚えていればそういうふうに連絡しようかなと思いますけども。」（F大学）

ここでF大学のA職員が挙げている例は、就職部にたまたま来ていた学生である。学生が職員と面談しているときに、その学生の条件に合致する求人情報が就職部にたまたま届けば、紹介するというのである。これは、ある種の偶然性に支配された条件と言える。ただ、完全に偶然かと言えば必ずしもそうでもなくて、足繁く就職部に通う学生は紹介されやすいことを述べている。それは、足繁く通うことで前述のたまたま求人が来るという場面に遭遇する可能性が高まるということもある。またそれだけでなく、足繁く通ってくる学生ほど職員が希望などを詳しく知ることになり声をかけやすくなるというのである。

F大学A職員のエピソードが本書にとって重要なのは、成績などを基準に選抜して推薦しているわけではないという点だ。つまり、一九七〇年代までの大学就職部が行っていた「学生の選抜」を、今の大学就職部は行っていない。就職活動シーズンの晩期で就職斡旋を行うようになったことで、大学就職部の果たす役割は変わったのである。

## 6　就職支援に力を入れるのはなぜか

ここまでの検討で、大学就職部は「学生の選抜」ではなく「企業の選抜」に主眼を置いて就職斡旋を行っていることが明らかになった。自由応募制が普及し、現在では大学就職部の就職斡旋に頼らずとも就職することができるようになっている。にもかかわらず、なぜ大学就職部は引き続き就職斡旋に取り組んでいるのであろうか。

その答えの一つは、教育的配慮にあるのかもしれない。第3節で見たP大学のA職員のように、学生は未熟な存在であり教育的配慮をすべき対象であると語る職員もいた。教育機関である大学が学生の面倒を見るというのは、動機としては十分成立する。しかし、斡旋を行う動機がそうした教育的配慮だけかというと、必ずしもそうではないようだ。その例を二つ見よう。

職員A「就職ももちろん関連するんですが、本学では父兄懇談会なるものが、大体六月から七月初めにかけて全国七ヶ所くらい、われわれが出張、教員とタイアップしてですね、教員と一緒に出張して二泊三日くらいやってくるんです。たとえば仙台、郡山、長野、松本、あと場合によっては大阪、福岡までいくんです。そういうかたちの中で成績、もちろんご父兄も就職に一番関心があるので、そういう中でやりとりをしながら、こういうかたちでやりとりをしながら、持ち帰ってきて、学生とコンタクトをとって、またフィードバックしたりですね、そういうのはかなり前からやっています。父母にとっては成績と就職ですよ、一番心配なのは。成績も前年度までの成績を持って行きます。そういう点、きちんとします。」(K大学)

ここで述べられているのは、保護者の関心についてである。保護者は学生の成績と就職状況に強い関心を寄せるというのである。そして学生の就職状況に関心を寄せるのは保護者だけではない。

聞き手「やっぱりその両者結び付いて、つまり、ちゃんと就職実績が出てますよってことが、入り口のところでも大学の評価につながるみたいなものって、だんだん出てくるのかなという気がするんですけれども。」

職員A「それは本当にひしひしと感じています。大学の入試課が高校に説明会に行くわけですが、質問の九割は就職ですって。入試課が出掛けていっても就職の話しか聞かれないので、就職課とセットで動こうかと入試課に言われたりするぐらいですね、就職の相談が多いそうです。」（G大学）

職員A「高校の先生方若しくは学生さんもそうなんですけど、私どもF大学に入学したらどこへ就職できますかと聞きますよね。そういう意味で入試のパンフレットにも資料をお付けしてますけども、こういうところに過去就職していますよと。もっと言うと、F大学の例えば△△学部（人文系学部：筆者注）の△△学科（人文系学科：筆者注）に入学したらどこへ就職できますかと、そういう質問が非常に多いです。それはご父兄からも多いですし、教員、先生方からも多いですから。そういうことで実績をそこに出していかなきゃいけないものですから。その実績を出すためには当然のこと、そういう所に就職を学生にさせてないと出せませんので、そしたら私どもはあまり意識してないですけど、大学さんによっては一部上場企業に何人採用されたかとか、国家公務員の採用試験に何人合格したかとか、そういうことを非常に意識されていて就職に力を入れている学校さんもありますけども。そういう意味で非常に気にはしています。それから入学してきて、入学したあとも、私ども毎年五都市で父母懇談会というのをやっているんですけど、父母の方からの最大の関心事も就職という。」（F大学）

G大学のA職員とF大学のA職員が共通して述べているのは、高校生とその保護者、高校教員の就職実績に対する関心である。F大学のA職員が述べるように、その大学に入学するとどこに就職できるのかというかたちで問われることが多くあり、そうした質問を想定して入学試験のパンフレットにも事前に就職実績に関する情報を資料として掲載しているというのである。

こうした発言から垣間見られるのは、就職実績を高めることがひとり大学就職部だけの問題ではないという点である。就職部職員が学生に対して就職指導を行うのは、この章で見てきたように教育的配慮という側面ももちろんあるのだが、それだけにとどまらず保護者やあるいは高校生や高校教員への対応という側面があることも視野に入れなければならないというのがこれらの職員の発言の示すところである。保護者や入学志願者への対応という問題は、もちろん高校でも同様の事情が存在するであろうが、大学のとりわけ私学においては学生集めという経営問題にも直結するので、より問題が顕在化しやすいのかもしれない。

## 7　自由応募制時代における就職斡旋の意味

この章では、大学就職部による斡旋のプロセスの様子を大学就職部職員へのインタビュー調査をもとに明らかにしてきた。明らかになったことは、以下の四点に集約できる。

第一に、求人開拓を行う際、大学就職部は「良好な条件の職」を提供しうる求人の開拓に務める。

第二に、大学就職部が斡旋の過程で求人情報を学生に伝える際に、ただ機械的に無差別に求人を紹介するのではなく、大学就職部が言わば「企業の選抜」を行って、「良好な条件の職」を提供しうる求人に限って学生に紹介している。

第三に、求職者を企業に紹介する際、大学が推薦を行うケースは多くなく、むしろたまたま就職部に来ていたとか就職部職員がよく知っていたというような学生が紹介されるケースが多い。

第四に、大学就職部が就職指導を行う動機には、教育的配慮だけでなく、保護者や高校生や高校教員への対応に備えるという側面もある。

以上明らかにしてきたように、大学就職部は現在においてもなお、求人側の企業と求職側の学生との間に立って就職斡旋を行っている。しかしそのやり方は、一九七〇年代までの就職斡旋とはずいぶん異なるものだ。かつて行われていた学内選考や学校推薦といった枠組みは、一部の例外を除けば、現在は存在しない。その一方で、求職者である学生への一般的な求人情報の提供と良質な求人先の紹介を、就職部を利用する学生に行っている。「学生の選抜」は行わずに「企業の選抜」を行うという現在の大学就職部の就職斡旋は、現在の大卒就職が基本的には自由応募制に基づいていて、実質的な選抜はすべて企業で行われることが前提になっており、企業が学生の選抜を大学に委ねていないことによるのだろう。

注

(1)調査の概要については、第一章第9節を参照。

(2)M大学就職部作成『M大学平成14年度就職状況』による。

# 第四章　誰が大学就職部を「利用」するのか

## 機会という観点からの分析

第四章から第六章までは、社研パネル調査データを用いて[1]、大学就職部のガイダンスや斡旋の利用状況、斡旋を受けた場合の就職先の状況などについて分析を行う。大学就職部が今やっていることとは何かを、データに基づき実証的に明らかにしようというのが狙いである。

第一章で紹介したように、社研パネル調査は一九六六（昭和四一）～一九八六（昭和六一）年生まれの全国男女四八〇〇人を対象とした調査であるので、大学に進学した調査対象者が就職活動を経験したとすると、それは一九八八（昭和六三）年以降となる。第二章で述べたように、一九八八（昭和六三）年は既に自由応募制に移行したあとであり、就職活動シーズンにおける「早期・晩期」の違いや、大学就職部が提供しているサービス・果たしている役割などは、現在と変わらない状況になっていたと見て良い。

この章では、斡旋に至る前の段階にまず注目し、就職部が提供するいくつかのサービスを取り上げ、それらは誰が「利用」するのかという問いについて考察を行っていきたい。

## 1 「利用者は誰か」を問うことの意味

大学就職部はガイダンスや斡旋など就職活動を支援するためのサービスを学生に対して提供している。就職活動が本格化するのに先だって学生向けにガイダンスを開催し、就職活動の進め方などを指導する。その後、業界研究や企業情報の提供などを行い、就職活動の進展にあわせて個人面談や模擬面接、エントリーシート等の添削なども行っていく。そして、就職活動シーズン早期の就職活動が一段落し、就職活動シーズン晩期に入ると、今度は就職斡旋をも行うようになる。

さて、大学就職部が提供するサービスを「利用」するのは誰か、という問いを本章では解こうとしているわけだが、この問いは、大学就職部が提供するサービスを利用しないこともありうる、ということを大前提にしている。一九八〇年代以降の大卒就職は自由応募制であり、大学就職部による就職斡旋を受けることなく求人企業を探すことはもちろん可能であるし、ガイダンスを受けることなく就職活動を進めていくことすら可能である。実際のところ、あとで見るように、すべての学生が大学就職部を利用しているわけではなく、学生の中の一部が大学就職部を利用するといった方が適切なのである。

「利用」するのは誰かという問いは、制度的に利用することが決められていてかつ実際に多くの人が利用している状況においてはあまり意味をなさない。問を立てて考えるまでもなく答えは明白だからである。その一方で、制度上利用が自由でかつ一部の人しか利用していないのならば、「利用」するのは誰かという問いは非常に重要な意味を持つ。そこには利用有無という選択があり、その選択の背景には機会の偏在があるかもしれないからだ。誰が大学就職部を利用するのかという問いは、自由な労働市場において大学就職部の「利用」をめぐってどのような機会の偏在があるのかを問うことに他ならない。これは新規大卒労働市場の中で大学就職部がどのような役割を果たしているかを知るためにはきわめて重要な問いである。

本章の構成は次のとおりである。まず、就職部利用に関する先行研究を概観したあと本書の問題設定を行う（第2節）。その後、分析に用いるデータと変数の説明を行い（第3節および第4節）、就職部を「利用」するのは誰かという問いに答える（第5節および第6節）。そして最後に、「利用」という観点から見て大学就職部が新規大卒労働市場でどのような役割を果たしているのかについて考察を行う（第7節）。

## 2　就職部利用に関する先行研究の状況

前節で「すべての学生が大学就職部を利用しているわけではない」と述べたが、大学就職部を学生がどのくらい利用しているかについては、独立行政法人労働政策研究・研修機構（およびその前身の日本労働研究機構：以下ＪＩＬ・ＪＩＬＰＴと省略）が実施してきた就職活動についての大規模調査を通じてその一端が明らかになっている。ＪＩＬ・ＪＩＬＰＴ調査のうち、就職部利用に関する質問が含まれている主な調査は一九九〇年代以降では三つあって[2]、①一九九二（平成四）年一二月から一九九三（平成五）年三月に実施の調査（ＪＩＬ１９９３年調査と略、以下同様）、②一九九八（平成一〇）年一二月から一九九九（平成一一）年二月に実施の調査（ＪＩＬ１９９８年調査）、③二〇〇五（平成一七）年一〇月から同年一一月に実施の調査（ＪＩＬＰＴ２００５年調査）が該当の調査である（日本労働研究機構 1994；日本労働研究機構 2001；労働政策研究・研修機構 2006）。これら三調査の調査方法については表４－１に、調査項目については表４－２にまとめた。また、調査の結果を表４－３に抜粋してまとめた。調査ごとにサンプリングの方法や質問形式が異なることに注意を払いながら、これまでに得られている知見を整理しよう。

まず、ＪＩＬ１９９３年調査では男子人文・男子社会のいずれにおいても「就職資料室」の利用が最も多く四三・六％と四九・〇％となっていて、その他の項目についてはいずれもこれより割合

表 4-1　JIL・JILPT 3 調査の概要（調査方法）

| | JIL1993 年調査 | JIL1998 年調査 | JILPT2005 年調査 |
|---|---|---|---|
| 実施時期 | 1992 年 12 月～ 1993 年 3 月 | 1998 年 12 月～ 1999 年 2 月 | 2005 年 10 月～ 11 月 |
| 調査対象（調査母集団） | 1983 年 3 月～ 1992 年 3 月卒業者 | 1995 年卒業者 | 4 年生大学に在籍する 4 年生（医学・看護学・宗教学の単科大を除く） |
| サンプル | 35 大学 63 学部の 55,987 名 | 45 大学 11,945 名 | 276 校 |
| サンプルの抽出方法 | 設置者・地域・歴史や沿革などの大学特性を考慮し、名簿入手等協力の得られる大学を選定 | 専門分野別に層化、設置者・地域・大学の選抜制や威信を考慮し大学を選定し、1 大学あたり 2 学部、1 学部あたり 200 名を割り当て | 協力を得られた大学に依頼。各大学における抽出は、できる限り該当大学の学生全体を代表する構成になるよう依頼 |
| 回収数 | 20,335 名 | 3,421 名 | 18,509 票 |
| 調査方法 | 郵送 | 郵送 | 各大学の就職部・キャリアセンターを通じ、郵送・集合・WEB 等にて配付、郵送・WEB 回収 |
| 出典 | 日本労働研究機構（1994） | 日本労働研究機構（2001） | 労働政策研究・研修機構（2006） |

が低い。ＪＩＬ１９９３年調査を見る限り、大学就職部を利用したことがある学生は調査対象の半数以下というように読み取ることができる。これに対しＪＩＬ１９９８年調査では大学就職部を利用したことのある学生は六三・二％で半数を超えており、ＪＩＬＰＴ２００５年調査になると、「個別企業の情報・求人情報」「履歴書・エントリーシートの書き方などの指導」の利用は人文科学系・社会科学系のいずれにおいても七割を超える。これらの結果を見ると、近年になるほど利用の割合は増え、半数以上の学生が大学就職部を利用するようになったことを示しているようにも思えるが、表４－１に示したようにＪＩＬＰＴ２００５年調査については調査方法が大学就職部経由での調査票配布である点に注意する必要がある。つまり、調査回答者が

## 表 4-2　JIL・JILPT 3 調査の質問項目

| | JIL1993 年調査 | JIL1998 年調査 | JILPT2005 年調査 |
|---|---|---|---|
| 質問項目（リード文） | 就職にあたって大学が行っている就職指導を利用しましたか。またそれは役立ちましたか。 | どのような就職活動をしましたか。あてはまるものすべてをお答えください。 | 大学の就職部（あるいはそれに相当する部署）は、次のことについて、どの程度役に立ちましたか。 |
| 質問項目（枝問） | 就職資料室 | | |
| | 学校作成の就職要覧 | | 就職手帳・ノート |
| | 就職ガイダンス・オリエンテーション | | |
| | 職業適性検査 | | 適性検査 |
| | OB 懇親会・業界研究会・企業研究会 | | |
| | 個人面談・適職相談 | | |
| | 会社訪問のための指導・援助 | | |
| | 模擬試験・模擬面接などの受験指導 | | 就職模擬試験・SPI 対策・模擬面接 |
| | 学校からの推薦 | | |
| | | 大学の就職部や就職情報室を利用した | |
| | | | 個別企業の情報・求人情報 |
| | | | OB・OG の名簿や紹介 |
| | | | 公務員試験・教員試験の対策 |
| | | | 履歴書・エントリーシートの書き方などの指導 |
| | | | 資格取得のための支援 |
| 回答選択肢 | 大学になかった<br>利用しなかった<br>利用した（役だった）<br>利用した（役立たなかった） | | 役に立った<br>やや役に立った<br>あまり役に立たなかった<br>役に立たなかった<br>利用しなかった |

## 表 4-3　JIL・JILPT 3 調査の結果の概要

| JIL1993 年調査 | 男子人文 | 男子社会 |
|---|---|---|
| 就職資料室 | 43.6 | 49.0 |
| 学校作成の就職要覧 | 34.2 | 39.9 |
| 就職ガイダンス・オリエンテーション | 35.4 | 43.4 |
| 職業適性検査 | 21.3 | 24.5 |
| OB 懇親会・業界研究会・企業研究会 | 12.8 | 26.8 |
| 個人面談・適職相談 | 16.3 | 19.7 |
| 会社訪問のための指導・援助 | 17.2 | 21.0 |
| 模擬試験・模擬面接などの受験指導 | 9.7 | 11.7 |
| 学校からの推薦 | 12.0 | 11.4 |

※表中の数字は、「役立った」+「役立たなかった」の割合

| JIL1998 年調査 | 日本 |
|---|---|
| | 63.2 |

| JILPT2005 年調査 | 人文科学系 | 社会科学系 |
|---|---|---|
| 就職手帳・ノート | 61.6 | 57.5 |
| 個別企業の情報・求人情報 | 78.6 | 73.1 |
| 適性検査 | 73.5 | 69.8 |
| OB・OG の名簿や紹介 | 32.1 | 33.4 |
| 就職模擬試験・SPI 対策・模擬面接 | 68.5 | 64.8 |
| 公務員試験・教員試験の対策 | 22.3 | 23.8 |
| 履歴書・エントリーシートの書き方などの指導 | 76.3 | 73.1 |
| 資格取得のための支援 | 36.0 | 35.9 |

※表中の数字は、100 から「利用しなかった」+「無回答」の割合を引いた割合

大学就職部利用者に偏っている恐れがあり、もし利用者に偏っているのならば利用の割合は実際よりも多めになっている可能性がある。とはいえ、表4-3に示した結果からは、大学就職部を利用しているのは学生の「すべて」であるとか「ほとんど」であるとは言えないことが推察される。

では、どういう学生が利用し、どういう学生が利用しないのか。就職部利用にはどのような機会の偏在が存在するのか。これらの点について先行研究がどのような視点から分析を行ってきたのかを次に検討しよう。まず前述のJIL・JILPTの三調査を見ると、大学就職部利用について主に設置者・専攻といった大学・学部の類型ごとに割合を算出して議論を展開していることがわかる。すなわち、JIL1993年調査では表4-3に示した専攻・性の他に設置者別の利用割合が示されており、JIL1998年調査では表4-3に示した全体の割合に加えて「人文・社会・法律・経営」という専攻に限って設置者別の利用割合が示されていて[3]、JILPT2005年調査では設置者・専攻・性・地域別に利用割合が示されている。そして知見としては、設置者で見れば国立よりも私立の方で大学就職部利用が多いこと[4]、専攻で見れば文系よりも理系で学校推薦を利用する割合が高いことなどが示されている[5]。要するに、設置者や専攻といった大学・学部の類型が大学就職部利用に影響を与える要因であるという見方が、こうした分析の背後には隠れていると言って良いだろう。

こうした大学・学部の類型を大学就職部利用有無の説明変数として見る見方は、JIL・JILPT調査だけにとどまるものではなく、大卒就職に関する先行研究で共有されてきた見方だったのかもしれない。苅谷らの研究グループ（就職研）が行ってきた過去の調査の分析でも、大学就職部利用と大学の類型との関係性に関心が向けられてきた。就職研一九九三年調査を用いて分析を行っている中村（1995）は、就職活動は大学ランク別に構造化されており、企業との接触においては「概して、高ランクはOB利用、低ランクは就職部利用」であると述べている。ここにも、大学の類型と大学就職部利用との間に関連を見出そうとする見方が存在する。また、就職研一九九七年調査を用いて分析を行った岩内・平沢・中村（1998）でも、「前回九三年度の調査の知見のひとつは、学生が所属する大学のランクによって就職活動の過程やその結果に顕著な差違が生じているということ」にあり、「今回九七年度調査でも大学ランクによって就職活動の過程や結果に差違が生じているかどうかを確認」するために、就職部の利用と大学ランクとの関連を探っている。

もちろん、大学・学部の類型によって大学就職部利用の有無の一部分が説明できることを否定しようとするつもりはない。ただ、大学・学部の類型によって大学就職部利用の有無の一部分が説明できるということは、どういう大学・学部に入ったかによって就職活動のあり方が決まってしまう面がある、と述べていることに他ならない。こうした見方は、とりわけ類型が大学に関するものである場合には、国立VS私立といった構図や銘柄大学VS普通の大学といった見方が表れているように、どこか学歴社会論的な見方であり、今となっては少し古くささをまとっていることも否定できない。そして、大学進学後にどういう生活を送ったかということと就職活動のあり方との間の関連性を不問に付してしまっているという点も指摘する必要がある。大学の大衆化が進行し、大学進学者層の裾野が広がりつつあることを踏まえれば、大学・学部の類型に帰着されない別のメカニズムについても考慮する必要があるのではないのだろうか。

大学・学部の類型による説明とは一線を画し別の説明を試みたものとして、ここでは堀（2007a, 2007b）の議論を指摘したい。堀は、前述のＪＩＬ・ＪＩＬＰＴ三調査のうちＪＩＬＰＴ２００５年調査を用いて、就職活動についての相談相手が誰であるかによって学生を三つに類型化し、就職に対する意識や就職活動の仕方がその類型とどのような関連性を持っているかについて見ている。それによれば、私立ＢランクＣランク（私立中位下位ランク：筆者注）の学生については、学校が相談相手として選ばれている「学校型」、学校が選ばれず保護者や友達が相談相手の「友達・保護者型」と比べると、全く相談相手のいない「孤立型」において「大学就職部主催のガイダンスに参加した」割合が低いことが示されている。[6] 堀は議論の過程で相談相手による学生の分類を「支援類型」と読み替えているが、相談相手になることと支援をすることとは若干隔たりがあるようにも思える。[7] 相談相手が誰かということは、堀自身も引用して述べているように、むしろどのようなソーシャルネットワークを利用しているかと見た方が良いのではないか。[8] いずれにせよ、大学・学部の類型を用いない説明の試みの一つとして、この知見は非常に興味深いものである。

## 3　大学生活と大学第一世代

以上のような先行研究の状況を踏まえて、本書では大学・学部の類型とは異なる二つの要因を新たに取り入れて就職部利用の有無について分析を行いたい。

新たに取り入れる第一の要因は、大学生活である。前節で述べたように、大学入学後にどういう生活を過ごしたかということと就職活動との間の関連性について、これまで十分に検討されてこなかった(9)。その反省に立って、本書では大学生活に着目したい。さしあたってここでは、「講義・授業」「部・サークル活動」「アルバイト」の三つについて見てみよう。就職指導に関するアナウンスは講義・授業や大学の掲示板を通して行われることが多いので、講義・授業に熱心に取り組んでいる場合は大学就職部に関する情報を得る機会が多くなり、大学就職部を利用する可能性が高まると思われる。逆に、「部・サークル活動」や「アルバイト」を熱心に行っていると、部・サークルの先輩やアルバイト仲間から就職に関する情報が入ってくるようになるため、かえって就職部を利用しなくなるかもしれない。

第二の要因は、階層要因である。とりわけここでは両親共に高等教育を卒業していない学生を大学第一世代と呼び、大学第一世代であることと就職部利用との関係を見たい。階層要因も先行研究では見逃されてきた点であるが、本書で大学第一世代を取り上げるのは、これが大衆化する高等教育の問題として米国において重要視されている問題だからである。この問題は研究の蓄積が進んでいて、大学第一世代の学生は非大学第一世代の学生と比べてさまざまな点で違いがあり、たとえば履修時間が少ない一方で仕事に従事する時間が長いとか、キャンパスで過ごす時間が短く課外活動への参加が消極的で学生同士の交流も少ない等の指摘が学生文化研究ではされてきている(Pascarella, Pierson, Wolniak and Terenzini 2004; Pascarella and Terenzini 2005)。また、NCESでの研究の蓄積もあり、NELS88を使った研究では、大学第一世代と非大学第一世代との間には在学中の講義科目の取得パターンにも違いがあることを指摘している。つまり、非大学第一世代が科学・数学・工学・人文社会科学といった言わば伝統的な科目を取得するのに対し、大学第一世代は職業関連科目や技術分野の科目を取得しがちだというのである(NCES 2005)。こうした米国での研究を受けて、日本でも大学第一世代に関する研究がいくつか行われてきた。河野(2003)は東北地方の国立P大学で調査を行い、大学第一世代と非大学第一世代との差違について検討している。本書との関係で興味深い知見は、四年制大学志望理由を大学第一世代と非大学第一世代で比較したところ、大学第一世代は「教養を身につける」と回答した割合が低く「資格を有する」「就職を有利にする」と回答した割合が高いことを指摘している。また、濱名らが行った調査では職業選択に対する考え方の質問への回答で、大学第一世代の方が非大学第一世代よりも「大学で学んだことを生かせる職業を選びたい」と回答する割合が高いことを見出している(井上 2004)。日米の先行研究を踏まえれば大学第一世代は卒業後の職業への関心が高いと言え、そうだとすれば就職活動に対し

表 4-4　分析に用いる変数

| | |
|---|---|
| 〈被説明変数〉 | |
| 求人票閲覧<br>企業データ閲覧<br>個人面談<br>模擬面接 | いずれも、利用したことがある場合を1、そうでない場合を0 |
| 〈説明変数〉 | |
| 性 | 男性が1、女性が0 |
| 00年代世代 | 生年が1977年以降の場合を1、1966～1976年の場合を0 |
| 大学第一世代 | 父母のどちらとも高等教育機関に通ったことがない場合を1、そうでない場合を0 |
| 私立Cランク大学 | 学習研究社『学研版2009年度用大学受験案内』に記載された大学偏差値が50.0以下の私立大学を卒業している場合を1、そうでない場合を0 |
| 大学成績 | 大学での成績において、優が占める割合が8割以上の場合を1、そうでない場合を0 |
| 授業講義出席率 | 大学での講義の出席率が8割を超えていた場合を1、そうでない場合を0 |
| 部サークル | 大学在学中にクラブ・サークル・部活動を熱心にやっていた場合を1、そうでない場合を0 |
| アルバイト | 大学在学中にアルバイトを熱心にやっていた場合を1、そうでない場合を0 |

ても非大学第一世代と何か違った行動を取っているのかもしれない、ということが予想される。しかしながら、この点についての検証は先行研究ではまだ行われていない。

そこで本書では、就職部利用の有無に対してどのような要因が関連性を持っているかについて、大学・学部の類型に加えて、大学生活と階層要因という二つの新しい説明変数を用い分析を行う。

## 4　分析に用いる変数

本章の分析で用いるデータは社研パネル調査である。利用する変数について、表4－4にまとめた。

被説明変数となる大学就職部の利用に

ついては、社研パネル調査では「学校に来ていた求人票の閲覧」「進路指導室や就職部にある企業データ閲覧」「進路指導室や就職部での個人面談（進路相談）」「学校での模擬面接」の四つを尋ねており、これらを用いる。調査ではそれぞれについて「よく利用した」「やや利用した」「あまり利用しなかった」「全く利用しなかった」の四件法で利用の程度を尋ねているが、本書の関心は利用の有無であることから、「全く利用しなかった」のみ0とし、他を選んだ場合は利用があったものとして1とした。

説明変数は、前節での問題関心に対応して大学生活に関するものと階層要因に関するものをそれぞれ用意した。

大学生活は、授業講義出席率、部サークル、アルバイトの三つからなる。授業講義出席率については「「最後に通った学校」では、授業や講義にはどれくらい出席していましたか」という質問に対する回答を用い、「八割以上」と回答した場合を1、「六～八割未満」「四～六割未満」「二～四割未満」「二割未満」と回答した場合を0とした。部サークルとアルバイトについては、どのくらい熱心だったかを四件法で回答する質問を用い、「とても熱心だった」「まあ熱心だった」を1、「それほど熱心ではなかった」「熱心ではなかった・やっていなかった」を0とした。

階層要因は、大学第一世代かどうかという変数を用いる。社研パネル調査では本人・父親・母親が最後に通った学校について「中学校」「高等学校」「専修学校（専門学校）」「短期大学・高等専門学校（五年制）」「大学」「大学院」「わからない」から尋ねていて、父母のどちらとも高等教育に通ったことがない、すなわち父母のどちらとも「中学校」「高等学校」のいずれかに○が付いている場合を大学第一世代として1に、父母のどちらかが「専修学校（専門学校）」「短期大学・高等専門学校（五年制）」「大学」「大学院」に通ったことがあれば0とした(10)。

また、先行研究で性・大学の類型を説明変数として用いてきたことを考慮し、これらを統制変数として分析に加えることにした。大学の類型については、進学情報誌の偏差値をもとに、偏差値五〇以下の私立大学を卒業していた場合に1、それ以外を0とした。また、年代による傾向の違いをコントロールするために、出生年に基づいて二グループに分けた変数を同様に統制変数として加えることにした。

なお、分析に含めたサンプルは、最後に通った学校が大学で、学部は人文・社会科学系で、初職が官公庁以外のものである。官公庁は採用のあり方が民間企業とは異なるので、はじめから分析に含めないこととした。

## 5　世代・性・大学ランクによる利用の違い

はじめに、統制変数として使う世代・性・大学ランクの別に「利用」の状況がどうなっているのかを確認しておこう。とりわけ世代・性については先行研究で分布に違いを生じさせる要因になっていたこともあり、社研パネル調査においても同様の結果が見られるかどうかを確認したい。分析

表 4-5　就職部の利用

| | 求人票閲覧 | | 企業データ閲覧 | | 個人面談 | | 模擬面接 | |
|---|---|---|---|---|---|---|---|---|
| | 利用した | 利用せず | 利用した | 利用せず | 利用した | 利用せず | 利用した | 利用せず |
| 全体 | 61.8% | 38.2% | 63.6% | 36.4% | 40.5% | 59.5% | 24.9% | 75.1% |
| 00 年代以前世代 | 60.7% | 39.3% | 61.3% | 38.7% | 34.3% | 65.7% | 18.4% | 81.6% |
| 00 年代世代 | 63.5% | 36.5% | 66.7% | 33.3% | 49.1% | 50.9% | 33.8% | 66.2% |
| 男性 | 55.3% | 44.7% | 60.2% | 39.8% | 37.0% | 63.0% | 22.0% | 78.0% |
| 女性 | 71.4% | 28.6% | 68.6% | 31.4% | 45.7% | 54.3% | 29.2% | 70.8% |
| 国公立·私立ABランク | 57.4% | 42.6% | 60.3% | 39.7% | 36.4% | 63.6% | 22.5% | 77.5% |
| 私立 C ランク | 65.6% | 34.4% | 66.3% | 33.7% | 44.0% | 56.0% | 27.0% | 73.0% |

の結果は表４－５である。

まず、全体の分布を見よう。それぞれのサービスを利用した人の割合は、「求人票閲覧」が六一・八％、「企業データ閲覧」が六三・六％、「個人面談」が四〇・五％、「模擬面接」が二四・九％である。大学就職部の利用は最も多いものでも六割程度であり、高卒就職における学校の就職指導とは異なって、大学の就職指導は学生の一部が受けるものだと言える。

次に世代別に見よう。社研パネル調査においては年長組として位置づけられる〇〇年代以前世代はおおむね一九九〇年代までに大学を卒業したグループで、年少組として位置づけられる〇〇年代世代はおおむね二〇〇〇年代に大学を卒業したグループである。両者を比較してみると、「求人票閲覧」と「企業データ閲覧」においては世代による割合の違いはさほど大きくない。ほぼ同じ水準と見て良いだろう。これに対し「個人面談」と「模擬面接」では世代による違いが明瞭に出ている。年長の〇〇年代以前世代で「個人面談」を利用したのは三四・三％にとどまるのに対し、年少の〇〇年代世代での利用は四九・一％

と約半数にも達する。また「模擬面接」について見ると、年長の〇〇年代以前世代で利用したのは一八・四％であるのに対し、年少の〇〇年代世代では三三・八％に達する。「個人面談」や「模擬面接」といったより個人化されたサービスについては近年ほど利用者が多い。各大学がこうしたサービスを徐々に充実させてきていることがこうした傾向を生み出しているのかもしれない。

なお、表４－３に示した先行研究の調査との比較で言えば、ＪＩＬＰＴ２００５年調査より社研パネル調査の方が低めに割合が出ているようである。たとえば企業情報・求人情報の利用では、ＪＩＬＰＴ２００５年調査の「個別企業の情報・求人情報」が人文科学系で七八・六％、社会科学系で七三・一％であるのに対し、社研パネル調査の〇〇年代世代では、「求人票閲覧」が六三・五％で「企業データ閲覧」が六六・七％となっている。この違いは、ＪＩＬＰＴ２００５年調査が就職部・キャリアセンターを通じて調査票を配布したことと関係している可能性が考えられる。つまり、大学就職部をよく利用する人にサンプルが偏ってしまっているので、大学就職部利用に関して高めの割合がＪＩＬＰＴ２００５年調査では出てしまっていると思われる。

つづいて、性別・大学ランク別の状況を見よう。性別に見た場合、女性の方が大学就職部をよく利用している。「求人票閲覧」では男性が五五・三％に対し女性が七一・四％、「企業データ閲覧」では男性が六〇・二％に対し女性が六八・六％、「個人面談」では男性が三七・〇％に対し女性が四五・七％、「模擬面接」では男性が二二・〇％に対し女性が二九・二％となっている。他方、大学ランク別に見ると私立Ｃランク大学の方が大学就職部をよく利用している。「求人票閲覧」では私立Cランク大学が六五・六％に対しそれ以外が五七・四％、「企業データ閲覧」では私立Cランク大学が六六・三％に対しそれ以外が六〇・三％、「個人面談」では私立Cランク大学が四四・〇％に対しそれ以外が三六・四％、「模擬面接」では私立Cランク大学が二七・〇％に対しそれ以外が二二・五％となっている。先行研究では下位ランクの大学ほど大学就職部を利用するという知見であったので、ここに見た社研パネル調査のデータは先行研究と整合的であると言って良いだろう。

## 6 就職部を利用しているのは誰か

次に、就職部の「利用」を被説明変数としたロジスティック回帰分析を行うことで、誰が就職部を「利用」するかという問いについてさらなる考察を行う。世代・性・大学ランクによる「利用」の違いは、先行研究が示唆するように、この社研パネル調査においても見られることが前節の分析でわかったので、それらを統制変数としてモデルに組み込んで分析を行うことにする。

ここでは分析にあたって三つのモデルを作った。モデル1は、階層要因と大学就職部の「利用」との関連性について見るモデルである。統制変数として「性別」「世代」のみ投入した。モデル2は、モデル1に「私立Cランク大学」という変数を入れ、階層要因の効果がどのように変化するかを見る。モデル3は、大学生活に関する変数を投入して、他の要因をコントロールした上での大学生活の効果を検討する。

表 4-6　就職部利用（求人票閲覧）に関する分析

| 求人票閲覧 | モデル 1 | | | モデル 2 | | | モデル 3 | | |
|---|---|---|---|---|---|---|---|---|---|
| | B | Exp(B) | | B | Exp(B) | | B | Exp(B) | |
| 性別 | −.725 | 0.485 | ** | −.792 | 0.453 | ** | −.689 | 0.502 | ** |
| 00 年代世代 | −.066 | 0.936 | | −.099 | 0.905 | | −.117 | 0.889 | |
| 大学第一世代 | .016 | 1.016 | | −.085 | 0.919 | | −.056 | 0.945 | |
| 私立 C ランク大学 | | | | .444 | 1.559 | * | .443 | 1.558 | * |
| 大学成績 | | | | | | | −.122 | 0.885 | |
| 授業講義出席率 | | | | | | | .565 | 1.760 | ** |
| 部サークル | | | | | | | .058 | 1.059 | |
| アルバイト | | | | | | | .203 | 1.225 | |
| 定数 | .963 | 2.619 | ** | .829 | 2.291 | ** | .348 | 1.416 | |
| −2 対数尤度 | 630.360 | | | 625.355 | | | 615.364 | | |
| Cox & Snell R 2 乗 | .027 | | | .037 | | | .053 | | |
| ケース数 | 485 | | | 485 | | | 484 | | |

** 1%水準で有意　* 5%水準で有意

「求人票閲覧」についての分析結果は表4－6である。モデル1を見ると、階層要因である「大学第一世代」については有意な効果が見られない。階層要因と就職部利用との間には関連性があるとは言えないようである。なお、統制変数では「性別」において有意な効果が見られ、女性の方が二・一倍（$e^{0.725}$倍）求人票を利用する傾向にあることを示している。モデル2は大学ランクをコントロールするものだが、モデル1と同様に階層要因の「大学第一世代」は有意な効果が見られない。有意な効果は「性別」と「私立Cランク大学」において見られ、大学ランクについては「私立Cランク大学」である方が一・六倍（$e^{0.444}$倍）求人票を利用する傾向にあることがわかる。モデル3は大学生活の効果を見るものだが、大学生活のうち「授業講義出席率」においてのみ有意な効果が見られ、授業講義出席率八割以上の人の方が一・八倍（$e^{0.565}$倍）求人票を利用する傾向にあることがわかる。これは、世代・

表 4-7　就職部利用（企業データ閲覧）に関する分析

| 企業データ閲覧 | モデル 1 | | | モデル 2 | | | モデル 3 | | |
|---|---|---|---|---|---|---|---|---|---|
| | B | Exp(B) | | B | Exp(B) | | B | Exp(B) | |
| 性別 | −.422 | 0.656 | * | −.459 | 0.632 | * | −.290 | 0.748 | |
| 00 年代世代 | −.106 | 1.115 | | .090 | 1.905 | | .059 | 1.061 | |
| 大学第一世代 | .155 | 1.167 | | .096 | 1.101 | | .139 | 1.150 | |
| 私立 C ランク大学 | | | | .444 | 1.559 | | .247 | 1.280 | |
| 大学成績 | | | | .267 | 1.306 | | .227 | 1.255 | |
| 授業講義出席率 | | | | | | | .580 | 1.785 | ** |
| 部サークル | | | | | | | .165 | 1.180 | |
| アルバイト | | | | | | | .365 | 1.440 | + |
| 定数 | .745 | 2.107 | ** | .660 | 1.935 | ** | −.074 | 0.929 | |
| −2 対数尤度 | 625.217 | | | 623.403 | | | 608.929 | | |
| Cox & Snell R 2 乗 | .011 | | | .015 | | | .040 | | |
| ケース数 | 485 | | | 485 | | | 484 | | |

** 1%水準で有意　* 5%水準で有意　+ 10%水準で有意

性・大学ランク・階層要因をコントロールした上での結果である。「性別」と「私立Cランク大学」については引き続き有意な効果が見られる。まとめると、求人票閲覧については階層要因との関連はなく、大学生活のうち授業講義出席率との関連があることが表4－6の分析でわかった。

同様の方法で、残りの被説明変数についても確認を行いたい。「企業データ閲覧」についての分析結果は表4－7である。モデル1では、階層要因である「大学第一世代」については有意な効果が見られない。効果があるのは「性別」のみで、女性の方が一・五倍（$e^{0.422}$倍）企業データを閲覧する傾向にある。モデル2でも同様で、階層要因の効果は見られない。また、「私立Cランク大学」でも有意な効果が見られず、有意な関連があるのは「性別」のみである。モデル3を見ると、やはり階層要因の効果は見られず、大学生活のうち「授業講義出席率」と「アルバイト」で有意な効果が見られるようになる（ただし、「アルバイト」は一〇%水準）。授業講義出席率八割以上の人の方が一・八倍（$e^{0.580}$倍）、アルバイトを熱心にやっていた人の方が一・四倍（$e^{0.365}$倍）、それぞれ企業データを閲覧する傾向にあることがわかる。モデル1から3までを比較すると、モデル1と2では有意な効果が見られた「性別」が、モデル3になり効果が見られなくなった。「企業データ閲覧」は女性の方がよく利用するように見えるが、それは見かけ上で、むしろ「授業講義出席率」八割以上の人がよく利用しているということになる。また、モデル1から3までを通じて「私立Cランク大学」の効果はなく、「企業データ閲覧」については大学ランクに関係なく利用されているようである。まとめると、企業データ閲覧については階層要因との関連はなく、大学生活のうち授業講義出席率とアルバイトへの熱心さと関連があることが以上の分析でわかった。

「個人面談」についての分析結果は表4-8である。モデル1では、階層要因である「大学第一世代」については有意な効果が見られない。効果があるのは「〇〇年代世代」のみで、社研パネル調査の中では若年にあたる〇〇年代世代の方が一・六倍（$e^{0.488}$倍）個人面談を利用する傾向にある。モデル2でも同様で、階層要因の効果は見られない。有意な関連があるのは、「〇〇年代世代」で、一〇%水準まで許せば「性別」「私立Cランク大学」も有意な関連がある（順に一・六倍（$e^{0.463}$倍）、一・四倍（$e^{0.348}$倍）、一・四倍（$e^{0.367}$倍））。モデル3を見ると、ここでも階層要因の効果は見られず、大学生活のうち「部サークル」で有意な効果が見られるようになる。部活動・サークル活動を熱心にやっていた人の方が一・五倍（$e^{0.415}$倍）個人面談を利用する傾向にあることがわかる。また、モ

表 4-8　就職部利用（個人面談）に関する分析

| 個人面談 | モデル 1 | | | モデル 2 | | | モデル 3 | | |
|---|---|---|---|---|---|---|---|---|---|
| | B | Exp(B) | | B | Exp(B) | | B | Exp(B) | |
| 性別 | −.296 | 0.744 | | −.348 | 0.706 | + | −.240 | 0.787 | |
| 00 年代世代 | .488 | 1.628 | * | .463 | 1.589 | * | .444 | 1.559 | * |
| 大学第一世代 | −.100 | 0.905 | | −.182 | 0.834 | | −.157 | 0.855 | |
| 私立 C ランク大学 | | | | .367 | 1.443 | + | .370 | 1.447 | + |
| 大学成績 | | | | | | | .257 | 1.293 | |
| 授業講義出席率 | | | | | | | .294 | 1.341 | |
| 部サークル | | | | | | | .415 | 1.514 | * |
| アルバイト | | | | | | | .333 | 1.396 | |
| 定数 | −.371 | 0.690 | + | −.494 | 0.610 | * | −1.178 | 0.308 | ** |
| −2 対数尤度 | 642.899 | | | 639.373 | | | 628.905 | | |
| Cox & Snell R 2 乗 | .023 | | | .030 | | | .049 | | |
| ケース数 | 484 | | | 484 | | | 483 | | |

** 1%水準で有意　* 5%水準で有意　+ 10%水準で有意

デル2と同様「〇〇年代世代」と「私立Cランク大学」で有意な効果が見られ、順に一・六倍（$e^{0.444}$倍）、一・四倍（$e^{0.370}$倍）それぞれ個人面談を利用する傾向にある。まとめると、個人面談については階層要因との関連はなく、大学生活のうち部・サークルの熱心さと関連があることがわかった。

「模擬面接」についての分析結果は表4－9である。モデル1では、階層要因である「大学第一世代」については有意な関連が見られず、「〇〇年代世代」においてのみ有意な関連が見られ、若年である〇〇年代世代の方が二・〇倍（$e^{0.679}$倍）模擬面接を利用する傾向にある。モデル2とモデル3においても有意な関連を持つのは「〇〇年代世代」のみであり、階層要因との関連は見られない。まとめると、模擬面接については階層要因・大学生活で利用の有無を説明することには成功していないようだ。

以上四つのロジット分析を通じて明らかになったこ

表4-9　就職部利用（模擬面接）に関する分析

| 模擬面接 | モデル1 | | | モデル2 | | | モデル3 | | |
|---|---|---|---|---|---|---|---|---|---|
| | B | Exp(B) | | B | Exp(B) | | B | Exp(B) | |
| 性別 | −.316 | 0.729 | | −.349 | 0.705 | | −.208 | 0.812 | |
| 00年代世代 | .679 | 1.971 | ** | .663 | 1.940 | ** | .653 | 1.921 | ** |
| 大学第一世代 | −.103 | 0.902 | | −.160 | 0.852 | | −.130 | 0.878 | |
| 私立Cランク大学 | | | | .258 | 1.294 | | .258 | 1.294 | |
| 大学成績 | | | | | | | .332 | 1.394 | |
| 授業講義出席率 | | | | | | | .291 | 1.338 | |
| 部サークル | | | | | | | .327 | 1.386 | |
| アルバイト | | | | | | | .116 | 1.123 | |
| 定数 | −1.216 | 0.296 | ** | −1.307 | 0.271 | ** | −1.840 | 0.159 | ** |
| −2対数尤度 | 525.415 | | | 524.081 | | | 517.878 | | |
| Cox & Snell R 2乗 | .029 | | | .032 | | | .043 | | |
| ケース数 | 484 | | | 484 | | | 483 | | |

** 1%水準で有意

とは、以下のようにまとめることができる。

第一に、階層要因として分析に用いた「大学第一世代」変数は、いずれの分析においても有意な効果が見られなかった。

第二に、大学生活と大学就職部利用との関連は、就職部のどのような種類のサービスかによって関連の仕方が異なる。「模擬面接」は大学生活との関連はなく、「求人票閲覧」「企業データ閲覧」「個人面談」については大学生活との関連があった。そして、「求人票閲覧」「企業データ閲覧」においては授業講義出席率八割以上の学生の方が利用する傾向にあり、「個人面談」については部・サークルに熱心な学生が利用する傾向にあった。

## 7　開かれている就職部利用の機会

本章では、就職部利用の有無と階層要因・大学生活との関連について検討を行った。知見は以下の四点にまとめることができる。

第一の知見は、就職部を利用するのは学生のすべてではなく一部だ、という点である。「個人面談」や「模擬面接」のように近年になって利用が増えてきたものもあるが、学生の一部が利用するという点では変化はない。就職部を使う学生と使わない学生は何がどう違うのかという問いが意味あるものとして成立しうることを、この知見は物語っている。

第二の知見は、先行研究で指摘をされてきた性や大学の類型などによる就職部利用有無の違いは、やはり存在するという点である。女性の方が就職部をよく利用し、私立Cランク大学を卒業した人の方がより就職部を利用していた。

第一と第二の知見は先行研究でも確認されてきたことであるが、サンプリングの設計や質問項目の一貫性でより厳密である社研パネル調査でも同様の知見が見出せたことの意義は大きいと言えよう。

第三の知見は、就職部利用と階層要因との間には関連が見られないという点である。このことは、学歴という点で測定した出身階層によって就職部を利用する機会は異なるものではない、ということを意味している。日米の先行研究が明らかにしてきたように、大学第一世代は大学生活と卒業後の職業との関連性に対する意識が強い人たちであった。そうであれば、就職活動のあり方も両親のどちらかが高等教育卒であった非大学第一世代と傾向が変わるのではないかと予想された。しかし、社研パネル調査のデータを見る限りでは、大学第一世代も非大学第一世代も就職部利用のあり方には違いがなかった。この点は先行研究から予想された知見とは異なっていた点である。

　ただ、このことは予想を裏切るということ以上の意味をも持っているかもしれない。階層要因と就職部利用との間に関係がなかったということは、大学第一世代の方がよく利用しているというわけではないことを意味すると同時に、非大学第一世代の方がよく利用しているわけではないということをも意味している。つまり、就職部利用の機会が非大学第一世代に有利に開放されているということもないのである。就職部を利用する機会は、階層要因にかかわらず平等に開かれていると言って良い。

　第四の知見は、就職部利用と大学生活との間には関連があるものの、そのあり方は少し複雑だという点である。まず、「模擬面接」の利用については、大学生活との関連はなかった。大学生活の過ごし方にかかわらず、模擬面接の利用というのは行われているようである。また、「個人面談」については部・サークルに熱心だった学生がよく利用しているようである。

　その一方で、「求人票閲覧」「企業データ閲覧」については「授業講義出席率」八割以上の学生の方が利用をしていた。このようなことが生じるのはいったいなぜだろうか。「授業講義出席率八割以上」というような学生は、そのメンタリティが生真面目なので大学で提供されるものなら何でも受けたがる、というような説明も可能かもしれない。しかし、機会という観点から見るとやや異なる説明も可能ではないだろうか。就職指導に関するアナウンスは、学生に直接郵送等の方法で通知をされることもあるかもしれないが、授業中に担当教員を通じてアナウンスがなされたり、あるいは大学からの他の連絡と同様に掲示板を通してということが基本的には多いであろう。授業でのアナウンスは授業に出ていないと聞き逃す可能性が高いが、授業講義出席率が高ければその心配は小さい。また、掲示板はそもそも大学に来ないことには目にとまらないが、授業講義出席率の高い学生は当然大学へ出校する日数も多く、出席率の低い学生と比べればおそらく掲示板に目を通す回数も多いだろうから、掲示板を通しての就職指導に関するアナウンスを見逃す可能性も低い。こうしたことが重なって、利用の傾向に違いが出るのではあるまいか。いずれにせよ、就職部利用の有無は授業講義によく出ているかどうかと関連しているわけで、先行研究のように大学の類型で就職部利用の有無を見ていてはわからない大学内部の分化のメカニズムを、ここに見て取ることができるのである。

注

(1)データの概要については第一章第9節を参照。

(2)JIL1993年調査の予備調査が一九九一年に行われ報告書も発行されているが(日本労働研究機構 1992b)、サンプル数も少なく予備的なものにとどまっているのでレビューからは除外した。

(3)X軸に「卒業時の年齢」、Y軸に「大学組織による就職指導のサポート活動」の利用割合を取ったグラフに、高等教育機関の類型および年齢類型別にプロットされたものの中で示されていて、具体的な数字が示されているわけではない。

(4)「私立卒業者では国立大学卒業者より大学の就職指導を受けている比率が高く」(日本労働研究機構

1994）や、「就職指導の組織を積極的に使う程度は、（中略）国立と私立に分けると、文科系の場合には圧倒的に私立大学である」（日本労働研究機構 2001）といった説明がなされている。

（5）「理科系では学校推薦や個人面談の利用率が高い」（日本労働研究機構 1994）といった記述が見られる。

（6）私立B・Cランクに限って分析し他の大学類型では分析していないのは、サンプル数の問題のためと述べられている。

（7）堀（2007a）には「支援類型」と「大学就職部主催のガイダンスに参加した」との関連性を見る分析が行われているが、もし「支援類型」が堀の言うようにどのような支援を受けているかを示す変数だとするならば、概念的には似たもの、すなわち学校から支援を受けている人は大学就職部主催のガイダンスにどれくらい出席しているか、を分析していることになるので、あまり意味をなさなくなる。「支援類型」ではなくソーシャルネットワークだと理解するならば、この分析は大変興味深い知見である。

（8）堀（2007a）では、久木元の議論を参考に、相談相手をソーシャルネットワークとみなす見方を紹介している。

（9）前述の堀（2007a）では、「支援類型」と大学生活との関連を見ているが、「求人票の閲覧」とか「個人面談」といった具体的な就職指導の内容と大学生活との関連は分析がなされていない。

（10）父母のどちらかまたは両方が「わからない」の場合は、大学第一世代の変数を用いる分析においては分析から除外した。

# 第五章　誰が大学就職部を「経由」するのか

## 斡旋を受ける機会

### 1　斡旋就職者の特徴を浮かび上がらせる方法

大学就職部は学生に対してさまざまなサービスを提供している。前章ではそのうち「学校に来ていた求人票の閲覧」「進路指導室や就職部にある企業データ閲覧」「進路指導室や就職部での個人面談（進路相談）」「学校での模擬面接」の四つについて見た。これらは、就職活動のプロセスの中で言えば、学生が企業に出向く前の言わば準備段階において主に提供されるものであった。これに対し本章では、準備段階から一歩進み、学生と企業が出会い交渉する段階に目を移すことにしよう。そこにおいて大学就職部が提供しているのは、学生と企業の出会いの場を作り出す「斡旋」である。

既に第二章で見たように、大学就職部による斡旋は就職活動シーズンの晩期において行われる。このことは、就職活動シーズンの早期において内定を獲得した学生にとっては、大学就職部による斡旋は無縁な存在であるということを意味している。また、晩期に限ってみても、就職活動をするすべての学生が大学就職部の斡旋を受けるわけではない。要するに、大学就職部による斡旋はすべての学生が受けるわけではなく、一部の学生のみが受けるものなのである。高卒就職において学校が果たしている役割と照らし合わせてみると、その違いは一目瞭然である。高卒就職においては「学校による就職斡旋」をほとんどの生徒が受けることになるが、大学就職部の斡旋はそうではない。「学校による就職斡旋」という点では同じだが、受ける人の範囲という点一つをとっても両者はその性格を異にしているのだ。

では、大学就職部による就職斡旋を受けて就職先を決めた人、すなわち大学就職部を「経由」する人というのはどういう人たちなのだろうか。すべてではなくごく一部の学生だけが大学就職部による斡旋を受けるのならば、受ける人には何かしら一定の特徴があるということなのだろうか。特徴があるとすればそれはいったい何か。そのような特徴が生じるのは、斡旋のプロセスで行われる就職部からの働きかけと何か関係はあるのだろうか。本章ではこれらの問題に取り組むことにしたい。

以下の分析で、大学就職部「経由」の人の特徴を描き出す際に、二つの比較対照群を設定する。第一の比較対照群は、早期に就職先を決めた人たちである。就職先の決定が早期の人と晩期の人とを比較したとき、仮説的に考えれば、優秀な人から企業は採用をしていくと想定できるので、より早く企業に選ばれた早期の人の方が晩期の人よりも優れているのではないかと思われる。だとすると、大学就職部を「経由」する人というのは晩期で活動している人だから、学生全体から見ると必ずしも優秀ではない人が多いということになる。実際にそのようなことが起きているのかを確かめるというのが、早期を比較対照群にする理由である。

第二の比較対照群は、晩期において大学就職部を「経由」しない人たちである。斡旋を受けるという機会は誰に対して開かれているのかを問うのがこの比較対照群を設定する理由である。もし大学の成績や大学生活の過ごし方によって大学就職部の斡旋を受ける機会が制限されているのならば、大学就職部を「経由」した人とそうでない人とを比較すれば、大学の成績や大学生活の過ごし方に違いが生じていることだろう。実際にそのようなことがありうるのかどうかを分析によって確かめる。大学就職部が斡旋を受ける機会を制約しているという想定をすることは、決して突拍子な考え方というわけではない。高卒就職では、学校が学業成績や出席日数などの生活状況によって推薦をするか否かの選抜を行っている。そうした、成績や生活を基準とした選抜が「学校による就職斡旋」に通底する特徴であるのならば、当然大学就職部による斡旋でも行われているだろう。もしそうでないならば、大学では行われていない可能性もあるということになる。

以上述べてきた関心に基づいて、考察を行っていきたい。本章の構成は次のとおりである。まず、先行研究の状況をレビューし（第2節および第3節）、問題の設定と分析で用いる変数について説明をする（第4節）。大学就職部を「経由」する人の特徴と「経由」することの機会について分析を行い（第5節および第6節）、最後に大学就職部「経由」の持つ意味について議論を行う（第7節）。

## 2　先行研究における斡旋の扱われ方

前章に引き続き、この章でも先行研究としてＪＩＬ・ＪＩＬＰＴによる大規模調査の結果を見ていくことにしよう。ここでは次の二つの視点からレビューする。

第一に、先行研究の調査では入職経路をどのように捉えてきたのか、という視点である。本章の分析は、大学就職部を「経由」する人の特徴を、他の入職経路を経由する人と比較することで描き出そうとするものであるが、少なくとも大学就職部「経由」という入職経路が他の入職経路から分析上明確に区別されていない限りは、本章が設定する問題を解くことは技術的に不可能である。大学就職部「経由」という入職経路に関心があれば独自の入職経路として変数の上でも区別をしてきたであろうし、そうでなければ他の入職経路と区別されずに扱われてきたであろう。入職経路の変数がどのように作られているかを見ることで、大学就職部「経由」という入職経路に対する関心の持たれ方を知ることができる。

第二の視点は、入職経路の違いを生み出す要因についてどのような分析が行われてきたかというものである。前章で行ったレビューでは、大学就職部の「利用」に影響を与える要因として、大学の設置者や専攻といった大学・学部の類型に先行研究が着目していたことを明らかにした。入職経路の違いを生み出す要因の説明をするときにも、同様に大学の設置者や専攻といった大学・学部の類型に着目しているのか、それとも大学・学部の類型のように大学入学時点で決まってしまっている要因を用いず別の要因を想定してきたのか、という点に注意しながらレビューをしていきたい。

まず、入職経路がどのように捉えられてきたかという点から検討しよう。前章ではＪＩＬ・ＪＩＬＰＴが行った一連の調査として、ＪＩＬ１９９３年調査、ＪＩＬ１９９８年調査、ＪＩＬＰＴ２００５年調査の三つを取り上げてきた。これらの調査に入職経路に関する質問項目は含まれているのだが、ＪＩＬＰＴ２００５年調査については、その追跡調査において入職経路を詳しく聞き直している。

追跡調査はＪＩＬＰＴ２００５年調査だけでなくＪＩＬ１９９３年調査でも行われており、またＪＩＬ１９９８年調査では同設計の調査票を別サンプル（年長世代）に行った追加調査があってその分析結果も公表されている。次章の分析でこれら追跡調査・追加調査について言及するという事情もあり、ＪＩＬＰＴ２００５年調査の追跡調査とあわせてそれらの概要をここでまとめて紹介しておきたい（表５‐１）。以下では、ＪＩＬ１９９３年調査の追跡調査は「ＪＩＬ１９９３年調査・追跡調査」、ＪＩＬ１９９８年調査の追加調査は「ＪＩＬ１９９８年調査・追加調査」、ＪＩＬＰＴ２００５年調査の追跡調査は「ＪＩＬＰＴ２００５年調査・追跡調査」と記すことで、本調査とは区別をする。

表 5-1　JIL・JILPT 調査の追跡調査・追加調査の一覧

| | JIL1993 年調査・追跡調査 | JIL1998 年調査・追加調査 | JILPT2005 年調査・追跡調査 |
|---|---|---|---|
| 本調査 | JIL1993 年調査 | JIL1998 年調査 | JILPT2005 年調査 |
| 実施時期 | 1993 年 8 月 | 1993 年 8 月～ 1999 年 12 月 | 2006 年 6 月 |
| サンプル | JIL1993 年調査の回答者のうち、1983 ～ 1984 年あるいは 1989 ～ 1991 年に卒業した人 | 1987 ～ 1990 年卒業生 | JILPT2005 年調査の回答者のうち、卒業後調査に同意した人 |
| 回収数 | 2,369 票<br>（うち有効票は 2,343 票） | 2,585 名 | 2,124 票 |
| 調査方法 | 郵送 | 郵送 | 郵送・WEB |
| 出典 | 日本労働研究機構<br>（1999） | 日本労働研究機構<br>（2003b） | 労働政策研究・研修機構<br>（2007） |

表 5-2　入職経路に関する質問の有無

| | JIL1993 年調査 | | JIL1998 年調査 | | JILPT2005 年調査 | |
|---|---|---|---|---|---|---|
| | 本調査 | 追跡調査 | 本調査 | 追加調査 | 本調査 | 追跡調査 |
| 調査項目 | ○ | × | ○ | ○ | ○ | ○ |
| | | | （同一） | | | |
| 分析 | ○ | × | ○ | × | × | ○ |

それぞれの調査で入職経路について質問をしているかをまとめたものが表5-2の一行目である。○はあり、×はなしをそれぞれ意味している。JIL1993年調査の追跡調査以外は入職経路に関する質問が設定されていることがわかる。

一方、表5-3はそれぞれの調査で入職経路をどのように尋ねているかを調査票のワーディングに立ち返ってまとめたものである。まずリード文について見ると、JIL1993年調査、JILPT2005年調査、JILPT2005年調査・追跡調査においては直接に入職経路を尋ねるものとなっている。JIL1998年調査についてはC3とC4の二つの質問があり、

## 表 5-3　入職経路に関する調査項目

| | JIL1993 年調査 | JIL1998 年調査 本調査・追加調査共通 | JILPT2005 年調査 本調査 | JILPT2005 年調査 追跡調査 |
|---|---|---|---|---|
| リード文 | 大学、大学院を卒業した後の、初めての就職先について伺います。その就職先に応募した経緯として、あてはまるものすべてに○をつけてください。 | どのような就職活動をしましたか。<br>C3. あてはまるものすべてをお答え下さい。<br>C4. このうち、仕事を得る上で最大の決め手になったものはどれですか。 | あなたが 4 月から就職する内定先についてお答え下さい。<br>(6)応募経路 | 現在（6 月 1 日時点）の仕事についてお答え下さい<br>2)入職経路 |
| 選択肢 | (1)学校の就職部等にきた求人<br>(2)研究室・教授の推薦<br>(3)研究室・ゼミの先輩の勧誘<br>(4)その他の先輩の誘い<br>(5)送られた企業ガイドブック、会社案内<br>(6)友人の誘い<br>(7)家族・知人の縁故<br>(8)新聞広告・就職情報誌等<br>(9)学生職業センターや職業安定所<br>(10)公務員試験等の公募 | (1)求人票や求人情報誌・求人広告をみて応募した<br>(2)求人があるかどうか知らずに会社と接触した<br>(3)自分で仕事を求める広告を出した<br>(4)会社から誘いを受けた<br>(5)公共職業案安定所や学生職業センターを利用した<br>(6)民間の職業紹介機関を利用した<br>(7)大学の就職部や就職情報室を利用した<br>(8)大学の先生に相談した<br>(9)在学中に仕事をして関係をつくった<br>(10)その他の個人的なつてを利用した（親、親戚、友達など）<br>(11)自分で企業を起こした／自営を始めた<br>(12)その他 | (1)自由応募<br>(2)縁故応募（家族・親族・知人の縁故）<br>(3)教員や大学の推薦／指定校（内定をとる前に推薦状を提出）<br>(4)教員や大学の推薦／指定校（内定をとった後に推薦状を提出）<br>(5)公的な就職支援機関（学生職業支援センター、ジョブカフェ、ハローワークなど）<br>(6)その他 | (1)就職支援ウェブサイト(リクナビなど)や就職情報誌(就職ジャーナル)などを見て応募した<br>(2)公的な就職支援機関(学生職業支援センター、ジョブカフェ、ハローワーク)で紹介された<br>(3)民間の職業紹介機関・人材派遣会社で紹介された<br>(4)大学の就職部／キャリアセンターや就職情報室で紹介された<br>(5)大学の先生から紹介された<br>(6)在学中に(アルバイト、インターンシップを含む)をして関係をつくった<br>(7)リクルーターや OB・OG から誘いを受けた<br>(8)企業に直接、電話やメールなどをして、自分から求人の有無を聞いた<br>(9)家業の手伝い・親の経営する会社に入った<br>(10)その他の個人的なつて(関係)を利用した(親、親戚、友だちなど)<br>(11)自分で企業を起こした／自営を始めた<br>(12)その他 |

Ｃ３は就職活動の仕方を尋ねるものだが、Ｃ４の方が「仕事を得る上で最大の決め手になったもの」という表現で入職経路を尋ねている。

他方、選択肢について見ると、ＪＩＬＰＴ２００５年調査（本調査）を除いて大学就職部「経由」が特定できる選択肢が存在する。具体的には、ＪＩＬ１９９３年調査は「学校の就職部等にきた求人」、ＪＩＬ１９９８年調査（とその追加調査）は「大学の就職部や就職情報室を利用した」、ＪＩＬＰＴ２００５年調査・追跡調査では「大学の就職部／キャリアセンターや就職情報室で紹介された」となっている。しかし、ＪＩＬＰＴ２００５年調査（本調査）については、「教員や大学の推薦／指定校（内定をとる前に推薦状を提出）」とあるように、大学就職部「経由」の中でも推薦が行われたケースのみを識別する調査設計となっている。本書が言うところの大学就職部「経由」よりもかなり狭い範囲を想定している。

では、大学就職部「経由」以外の選択肢についてはどうだろうか。本書で大学就職部「経由」の特徴を描くために設定された比較対照群となる選択肢は先行研究に存在しているだろうか。比較対照群のうち早期に就職先を決めた人については、第二章で見たように「資料請求ハガキ」の投函や「ＯＢＯＧ・リクルーター」との接触や「インターネット・ＷＷＷ」によるエントリーがその特徴であった。表５-３を見ると、ＪＩＬ１９９３年調査には「資料請求ハガキ」に相当するものとして「送られた企業ガイドブック、会社案内[1]」が、「ＯＢＯＧ・リクルーター」に相当するものとして「研究室・ゼミの先輩の勧誘」と「その他の先輩の誘い[2]」がそれぞれ存在する[3]。ＪＩＬ１９９８

表 5-4　JILPT2005 年調査（本調査）の入職経路別割合

| | 人文科学系 | 社会科学系 |
|---|---|---|
| 自由応募 | 86.1 | 87.1 |
| 縁故応募（家族・親族・知人の縁故） | 2.8 | 3.1 |
| 教員や大学の推薦／指定校（内定をとる前に推薦状を提出） | 2.4 | 2.2 |
| 教員や大学の推薦／指定校（内定をとった後に推薦状を提出） | 0.9 | 1.0 |
| 公的な就職支援機関（学生職業支援センター、ジョブカフェ、ハローワークなど） | 1.6 | 1.8 |
| その他 | 0.6 | 0.3 |
| 無回答 | 5.6 | 4.6 |
| N | 2435 | 4137 |

年調査については、国際比較を念頭に設計された調査票であるためだと思われるが、早期で就職先を決めた人を特定しうるような選択肢は設定されていない。JILPT2005年調査（本調査）においても、「教員や大学の推薦／指定校」以外は「自由応募」「縁故応募」「公的な就職支援機関」「その他」のみで、早期に就職先を決めた人を識別できる設計にはなっていない。「縁故応募」や「公的な就職支援機関」の「経由」ではない場合、表5-4にあるように、回答者の多くは、早期で就職先を決めた人であっても晩期に就職先を決めた人であっても「自由応募」を選択してしまったと思われる。JILPT2005年調査・追跡調査は「OBOG・リクルーター」に相当するものとして「リクルーターやOB・OGから誘いを受けた」が、「インターネット・WWW」によるエントリーに相当するものとして「就職支援ウェブサイト（リクナビなど）や就職情報誌（就職ジャーナル）などを見て応募した」が存在しており[4]、早期に就職先を

決めた人を識別できる。また、比較対照群のうち大学就職部「経由」以外の晩期に就職先を決めた人については、大学就職部「経由」と早期に就職先を決めた人以外がそれに該当することになるので、ＪＩＬ１９９３年調査とＪＩＬＰＴ２００５年調査・追跡調査において大学就職部「経由」以外の晩期に就職先を決めた人が識別できる設計となっている。

まとめると、就職部「経由」に相当する選択肢は、ＪＩＬＰＴ２００５年調査（本調査）を除いては存在しており、入職経路としての就職部「経由」は独立したものとして認識されてきた。また、早期に就職先を決めた人についても、ＪＩＬ１９９３年調査とＪＩＬＰＴ２００５年調査・追跡調査においては他の入職経路と区別できるように調査設計されていた。ここからわかるのは、これまでの先行研究の調査が、いくつかの例外はあるものの、入職経路を比較的細かく丁寧に区分して行われてきたということである。

## 3　先行研究に見る斡旋就職者の特徴

次に、入職経路の違いを生み出す要因として何が想定されてきたかについて先行研究の状況をレビューする。端的に言えば、入職経路を被説明変数とするような分析において、どのような変数が説明変数として設定されてきたのだろうか、ということである。どの調査で分析がなされているかは表５－２の下段に示している。

表5-5　JIL1993年調査の入職経路別割合

| | 男子人文 | 男子社会 | 男子工学 |
|---|---|---|---|
| 学校の就職部にきた求人 | 14.1 | 13.3 | 33.5 |
| 研究室・教授の推薦 | 4.0 | 3.7 | 36.7 |
| 研究室・ゼミの先輩の勧誘 | 2.2 | 5.6 | 6.8 |
| その他の先輩の誘い | 6.7 | 17.0 | 7.9 |
| 送られた企業ガイドブック、会社案内 | 27.0 | 43.4 | 31.4 |
| 友人の誘い | 6.8 | 7.5 | 3.8 |
| 家族・知人の縁故 | 15.4 | 16.1 | 11.2 |
| 新聞広告・就職情報誌等 | 16.2 | 13.7 | 8.4 |
| 学生職業センターや職業安定所 | 2.0 | 1.7 | 0.8 |
| 公務員試験等の公募 | 24.8 | 12.3 | 7.0 |
| 不明・無回答 | 4.9 | 3.6 | 2.3 |
| N | 856 | 4977 | 2378 |

ＪＩＬ１９９３年調査では、世代・性・専攻分野・設置者による入職経路の違いについて言及がなされている。世代別に見ると古い世代（一九八三（昭和五八）～一九八五（昭和六〇）年卒）よりも新しい世代（一九八九（平成元）～一九九二（平成四）年卒）の方が企業ガイドブックを使う割合が多く「縁故」や「大学の就職課・教授・研究室という大学組織経由」が減少していること、性・専攻分野別に見ると（表５－５）社会科学系の男子で「その他の先輩の誘い」の割合が突出しており工学系男子では「研究室・教授の推薦」や「就職部にきた求人」など「大学組織経由の就職」が多いこと、設置者別に見ると国立でＯＢの利用が多いのに対し私立では「就職部にきた求人」や「縁故」が多いことなどが述べられている（吉本1994）。

ＪＩＬ１９９８年調査では、性・専攻分野・大学所在地・設置者（難易度）による入職経路の違いが指摘されている。結果として示されている表のうち求人票・就職情報誌と大学就職部・教員の割合を抜粋して示した（表5-6）。男女を問わず工学系で大学就職部・教員（＝大学経由）の割合が高い一方で工学系を除く理系では求人票・求人情報誌が多いこと、保健医療系や芸術系では専門職労働市場への接続であることから大学経由が多いこと、男子の文系では求人票・求人情報誌が多く、その傾向は都市部や難易度の高い私立大学で顕著であること、地方や入学難易度の低い大学では大学経由の割合が高いこと、女子は難易度の高い私立大学で大学経由が多いことなどが述べられている（小杉 2001）。

ＪＩＬＰＴ２００５年調査・追跡調査では、大学の選抜性と専攻分野による入職経路の違いについて分析がなされている。大学の選抜性による違いを見ると（表5-7）、大学ランクの低い私立Ｂ・私立Ｃでは「就職部＋教員」の割合が高く（二五・〇%、二三・七%）、他方で大学ランクの高い私立Ａでは「就職サイト・情報誌」の割合が高い（五七・五%）[5]。また、専攻分野別についてはその違いが小さく、工学部でもウェブサイト経由が多く「就職部＋教員」はかつてほど多くないことが述べられている（小杉 2007）。

以上をまとめると、次の三点を指摘できる。第一に、とりわけ専攻分野・大学ランクによって入職経路に違いが生じていることが繰り返し確認されてきた、という点である。専攻分野については工学系と文系の違いが指摘されてきたが、直近のＪＩＬＰＴ２００５年調査・追跡調査ではその違いが小さくなっているという報告もある。ただ、大学ランクによる違いはＪＩＬＰＴ２００５年調

表 5-6　JIL1998 年調査の入職経路別割合

| | | 男 | |
|---|---|---|---|
| | | 求人票・情報誌で | 大学就職部・教員 |
| 合計 | | 29.9 | 28.5 |
| 学部類型 | 人文系 | 35.1 | 21.4 |
| | 法学系 | 31.8 | 17.4 |
| | 経済商学系 | 31.3 | 20.5 |
| | 他の社会科学 | 32.1 | 20.8 |
| | 理学系 | 37.7 | 32.8 |
| | 工学系 | 22.6 | 54.1 |
| | 農学系 | 41.5 | 35.4 |
| | 保健医療系 | 28.6 | 37.1 |
| | 家政系 | — | — |
| | 芸術系 | 26.1 | 39.1 |
| | 教育系 | 12.3 | 28.4 |
| | その他 | 47.8 | 4.3 |
| 大学所在地 | 北海道・東北 | 19.4 | 41.7 |
| | 関東 | 38.8 | 14.1 |
| | 中部 | 24.8 | 33.6 |
| | 関西 | 37.9 | 28.3 |
| | 中国・四国 | 24.2 | 34.7 |
| | 九州・沖縄 | 25.0 | 29.4 |
| 設置者・難易度別 | 国立 | 33.2 | 24.2 |
| | 公立 | 18.7 | 48.0 |
| | 私立 1 | 40.4 | 19.1 |
| | 私立 2 | 31.4 | 27.1 |
| | 私立 3 | 28.5 | 32.6 |
| | 私立 4 | 23.2 | 30.5 |

出典：小杉 2001 : 55 頁　表 2-11 より作成

表 5-7　JILPT2005 年調査・追跡調査の入職経路別割合

| | 就職サイト・情報誌 | 就職部＋教員 | 公的支援機関 |
|---|---|---|---|
| 私立 A | 57.5 | 16.0 | 0.5 |
| 私立 B | 44.2 | 25.0 | 4.7 |
| 私立 C | 37.6 | 23.7 | 7.2 |
| 国立 | 39.3 | 16.1 | 3.6 |
| 公立 | 46.3 | 16.1 | 6.0 |

出典：小杉 2007 : 189 頁　図表 5-22 より作成

査・追跡調査でも再度確認されているところであり、その傾向はあまり変化がないのかもしれない。

第二に、入職経路の違いを説明する変数として取り上げられてきたものは、性・専攻分野・大学ランクといった大学入学時点で既に決まってしまっているものばかりで、大学在学中における要因は考慮されていないという点である。大学の成績や大学生活の過ごし方など大学在学中における経験の個人間の差違が入職経路にどのような影響を及ぼすかという視点が欠落しているのである。

第三に、入職経路の再カテゴリー化についてである。前節では調査票のワーディングに立ち返って入職経路がどのような調査項目で尋ねられているかを見たが、そこで明らかになったのは入職経路を比較的細かく丁寧に区分して尋ねているということであった。ただ、結果を提示する際に、あまりにカテゴリーの数が多いと煩雑になってしまうので、場合によっては再カテゴリー化してカテゴリーの数を減らして提示することもありうる。実際、JILPT2005年調査・追跡調査の分析では再カテゴリー化が行われているのだが、問題は何と何を統合して一つのカテゴリーとするかである。非常に興味深いのは、JIL1998年調査とJILPT2005年調査・追跡調査の分析で大学就職部による斡旋が大学教員の紹介とあわせて一つのカテゴリーにされている点である（表5-6・表5-7）。たしかに、どちらとも大学に関係するものなので「大学経由」というカテゴリーに統合することは合理的なように見えるが、しかしその内実は教員が行うのか職員が行うのかといった違いがあるなど、必ずしも同じものとは限らない。本書の分析においては、とりわけ大学就職部の斡旋に焦点を当てているので、やや先取りして述べれば、先行研究には倣わず大学就職部による斡旋は独立の入職経路として扱うことになる。

## 4　分析の方法と用いる変数

以上に見た先行研究の状況を踏まえて、本章では以下のように問題を設定し考察することにしよう。

第一に、性・世代・大学ランクによって入職経路がどのように異なるのかを確認する。先行研究では性や大学ランクによる違いが指摘されていたこともあり、社研パネル調査ではどのような分布になっているかをここで見ておきたい。また、世代による違いについては先行研究の中ではＪＩＬ１９９３年調査で指摘されていたが、その後のＪＩＬ１９９８年調査やＪＩＬＰＴ２００５年調査・追跡調査では触れられていなかった。先行研究で分析が抜け落ちている点でもあるので本書で分析をしておきたい。

第二に、就職部を「経由」する人の特徴について早期に就職先を決めた人との比較により分析する。その際、二段階に分けて説明変数を投入する。まず投入するのは、階層要因である。これは、大学入学時点で既に決まってしまっている要因であって、その意味では性・世代・大学ランクと似た性格を持つ。先行研究では大学入学時点で既に決まってしまっている要因を説明変数として用いてきたが、階層要因に関するものは使われてこなかったので、それがどのような効果を有するのかをここで確認しておきたい。その後投入するのは、大学の成績と大学生活の過ごし方に関する変数である。この二点については先行研究で全く触れられてこなかった。本章の冒頭でも述べたとおり、仮説的に考えれば、大学就職部による斡旋が行われる晩期は、早期で就職が決まらなかった人たちが活動する場であるので、優秀な人材が残っていない可能性がある。もしその仮説が正しければ、前章で用いた変数を使って、大学成績が劣っていたり、部活動やアルバイトが不活発だったりというような人が晩期に残りやすい傾向を確認することができるかもしれない。この点を実際に本章の分析で確認したい。

第三に、晩期内部の比較、すなわち晩期において大学就職部を「経由」する人としない人との間にはどのような違いがあるのかという分析である。ここで晩期内部の比較に注目するのは、斡旋のプロセスで何が起きているかを知るためである。斡旋の際に大学就職部がたとえば大学の成績などを斡旋の条件にしていれば、大学就職部を「経由」した人には成績の良い人が残ることになろう。大学就職部を「経由」する人の特徴を描き出すことで、この入職経路が誰に開かれた「機会」なのかを明らかにしたい。

本章で用いるデータは、前章と同じく社研パネル調査のデータである。分析に用いる変数は表5－8に示したとおりである。

被説明変数としては入職経路変数を作成した。これは「初職のことを知り応募したきっかけは何でしたか」という質問に対する回答によって作成している(6)。回答の選択肢は八つで、「インターネ

表 5-8　分析に使用する変数

| | |
|---|---|
| 〈被説明変数〉 | |
| 入職経路変数（ダミー変数） | 〈初職を知り応募したきっかけ〉への回答によって作成 |
| （基準）WWW・葉書・先輩 | 回答が「インターネットや資料請求ハガキ」または「学校の先輩・リクルーター」である場合で、早期に就職先を決めたことを意味する |
| 晩期・就職部経由 | 回答が「進路指導室や就職部」の場合を 1 |
| 晩期・就職部非経由・利用有 | 回答が「学校の先生」「求人広告や雑誌」「友人・知人」「その他」のいずれかで、かつ就職活動中に「学校に来ていた求人票の閲覧」経験がある場合を 1 |
| 晩期・就職部非経由・利用無 | 回答が「学校の先生」「求人広告や雑誌」「友人・知人」「その他」のいずれかで、かつ就職活動中に「学校に来ていた求人票の閲覧」経験がない場合を 1 |
| 縁故 | 回答が「家族や親族」の場合を 1 |
| 〈説明変数〉 | |
| 性 | 男性が 1、女性が 0 |
| 00 年代世代 | 生年が 1977 年以降の場合を 1、1966 ～ 1976 年の場合を 0 |
| 大学第一世代 | 父母のどちらとも高等教育機関に通ったことがない場合を 1、そうでない場合を 0 |
| 私立 C ランク大学 | 学習研究社『学研版 2009 年度用大学受験案内』に記載された大学偏差値が 50.0 以下の私立大学を卒業している場合を 1、そうでない場合を 0 |
| 大学成績 | 大学での成績において、優が占める割合が 8 割以上の場合を 1、そうでない場合を 0 |
| 授業講義出席率 | 大学での講義の出席率が 8 割を超えていた場合を 1、そうでない場合を 0 |
| 部サークル | 大学在学中にクラブ・サークル・部活動を熱心にやっていた場合を 1、そうでない場合を 0 |
| アルバイト | 大学在学中にアルバイトを熱心にやっていた場合を 1、そうでない場合を 0 |

表 5-9　晩期内部のカテゴリー化

| | | 進路指導室や就職部 | |
|---|---|---|---|
| | | きっかけである | きっかけではない |
| 学校に来ていた求人票の閲覧 | 利用有 | 就職部経由 | 就職部非経由・利用有 |
| | 利用無 | — | 就職部非経由・利用無 |

ットや資料請求ハガキ」「学校の先輩・リクルーター」「進路指導室や就職部」「学校の先生」「家族や親族」「求人広告や雑誌」「友人・知人」「その他」となっている(7)。基準カテゴリーは早期に就職先を決めた人で、これを「WWW・葉書・先輩」と呼ぶことにする。回答が「インターネットや資料請求ハガキ」または「学校の先輩・リクルーター」である場合がこれにあてはまる。第二章で明らかにしたように、就職活動シーズンの早期における就職活動は、インターネットの普及後はWWWによるエントリーが、普及前は資料請求ハガキやOBOG・リクルーターを介しての応募が、それぞれ採用活動のきっかけになっており、「インターネットや資料請求ハガキ」または「学校の先輩・リクルーター」と回答した人が早期に就職先を決めた人であるとみなして差し支えない。

一方、就職活動シーズンの晩期であるが、早期に就職先を決めた人としてみなした「インターネットや資料請求ハガキ」「学校の先輩・リクルーター」以外を選んだ場合を晩期で就職先を決めた人であるとみなすことにする。ただし、「家族や親族」を選択した場合は縁故で就職したと考えられ、これは早期にも晩期にも属さない独立のカテゴリーとして扱うことにする。というのも、縁故就職は早期にも晩期にもどちらにおいても起こりえるからである。

晩期については、大学就職部の利用有無を加味してさらに三つのカテゴリーに分けた(表5-9)。第一は、本章で最も関心のある「晩期・就職部経由」である。これは、入職経路の回答が「進路指導室や就職部」である場合を指す。そして、第二・第三のカテゴリーは晩期でも大学就職部を経由しない「晩期・就職部非経由」と呼ぶべき人たちで、これを「求人票の閲覧」の利用有無によって区別する。すなわち、晩期の第二のカテゴリーは「晩期・就職部非経由・利用有」で、「学校の先生」「求人広告や雑誌」「友人・知人」「その他」のいずれかを選択し、かつ「求人票の閲覧」変数が1＝利用ありの人がこれに当てはまる。晩期の第三のカテゴリーは「晩期・就職部非経由・利用無」で、「学校の先生」「求人広告や雑誌」「友人・知人」「その他」のいずれかを選択し、かつ「求人票の閲覧」変数が0＝利用なしの人がこれに当てはまる。なお、表5－9では「求人票の閲覧」をせず大学就職部を「経由」した人のセルが「－」となっているが、これは論理的に存在し得ないことを示している。この章の分析においては、大学就職部による斡旋を受けた場合は求人票を閲覧したとみなすことにした(8)。

以上のような作業を経て作成したものが、表5－8の被説明変数欄に示した入職経路変数である。早期に就職先を決めたことを意味する「WWW・葉書・先輩」を基準とし、「晩期・就職部経由」「晩期・就職部非経由・利用有」「晩期・就職部非経由・利用無」「縁故」の四つのダミー変数となっている。

なお、説明変数としては、前章で用いたものと同じものを用いる。「性別」「〇〇年代世代」の他、大学ランクは「私立Cランク大学」を用いる。大学の成績としては「大学成績」を、大学生活の過ごし方としては「授業講義出席率」「部サークル」「アルバイト」の三変数を用いる。変数の構築の仕方についての詳細は既に前の章で行ってきたので、ここでは説明を省略する。

分析に含めたサンプルは、前章と全く同様である。最後に通った学校が大学で、学部は人文・社

表 5-10　入職経路別割合（性・世代・大学ランク別）

| | 早期 | 晩期 | | | | |
|---|---|---|---|---|---|---|
| | WWW 葉書･先輩 | 就職部経由 | 就職部非経由 | | 縁故 | ケース数 |
| | | | 利用有 | 利用無 | | |
| 〈全体〉 | | | | | | |
| 全体 | 37.0% | 12.2% | 21.1% | 16.7% | 13.0% | (492) |
| 〈性〉 | | | | | | |
| 男性 | 39.2% | 10.0% | 17.2% | 18.9% | 14.8% | (291) |
| 女性 | 33.8% | 15.4% | 26.9% | 13.4% | 10.4% | (201) |
| 〈世代〉 | | | | | | |
| 00 年代以前世代 | 32.4% | 13.2% | 18.8% | 19.5% | 16.0% | (287) |
| 00 年代世代 | 43.4% | 10.7% | 24.4% | 12.7% | 8.8% | (205) |
| 〈大学ランク〉 | | | | | | |
| 国公立･私立 AB ランク大学 | 47.3% | 10.7% | 15.6% | 16.5% | 9.8% | (224) |
| 私立 C ランク大学 | 28.4% | 13.4% | 25.7% | 16.8% | 15.7% | (268) |

会科学系で、初職が官公庁以外のものである。官公庁は採用のあり方が民間企業とは異なるので、はじめから分析に含めないこととした。

## 5　入職経路の分布と階層要因の効果

表5－10は、性・世代・大学ランクの別に初職入職経路の分布を見たものである。

まず全体の分布を見ると、早期に決まる（「WWW・葉書・先輩」）のは三七・〇％であり、「晩期・就職部経由」は一二・二％に過ぎない。生徒の多くが学校による就職斡旋を受ける高卒就職と照らし合わせて見ると、大卒就職では「学校による就職斡旋」を受ける者の割合が非常に低いことがわかるであろう。

次に、性・世代・大学ランク別の分布を見よう。性による違いであるが、女性の方が「WWW・葉書・先輩」や「縁故」の割合が若干低いように見える。また

「晩期・就職部経由」と「晩期・就職部非経由・利用有」の割合が若干男性より高い。これは、前章で見たように女性の方が大学就職部をよく「利用」していることの現れであると思われる。

世代についてはどうだろうか。若い世代である「〇〇年代世代」の方が、「ＷＷＷ・葉書・先輩」の割合が高く「縁故」の割合が低い。また、晩期において大学就職部を利用しない「利用無」の人は「〇〇年代世代」の方が少なく、「利用有」は「〇〇年代世代」の方が多い。これは、若い世代ほど大学就職部を利用するということを意味している。しかしながら、「晩期・就職部経由」の割合は「〇〇年代世代」の方が若干少ないように見える。

大学ランクについては、「ＷＷＷ・葉書・先輩」で顕著な違いが見られる。国公立・私立ＡＢランク大学は「ＷＷＷ・葉書・先輩」が四七・三％であるのに対し、私立Ｃランク大学では二八・四％にとどまる。これは、ランクの高い大学ではインターネットがきっかけとなるような入職経路の割合が高いという先行研究の結果と合致している。一方で、「晩期・就職部経由」の割合は大学ランクによって大きく異なるものではない。また、大学就職部を利用するが斡旋は受けない「晩期・就職部非経由・利用有」と「縁故」の割合が私立Ｃランク大学で高いという傾向も見られる。

以上の結果を踏まえれば、性・世代・大学ランクによる分布の違いは存在する可能性があり、以下の分析ではこれらの要因をコントロールする必要があると言えよう。

次に、階層要因の効果について検討しよう。性・世代・大学ランクを統制変数として投入し、入職経路変数を被説明変数とする多項ロジスティック分析を行った。被説明変数の基準カテゴリーは

表 5-11　階層要因の効果

| 基準カテゴリー〈WWW・葉書・先輩〉 | モデル A-1 | | | モデル A-2 | | |
|---|---|---|---|---|---|---|
| | B | Exp(B) | | B | Exp(B) | |
| 〈晩期・就職部経由〉 | | | | | | |
| 切片 | −.554 | | + | −.815 | | * |
| 性別 | −.854 | 0.426 | ** | −.991 | 0.371 | ** |
| 00 年代世代 | −.589 | 0.555 | + | −.663 | 0.515 | * |
| 大学第一世代 | .359 | 1.432 | | .178 | 1.195 | |
| 私立 C ランク大学 | | | | .865 | 2.374 | ** |
| 〈晩期・就職部非経由・利用有〉 | | | | | | |
| 切片 | −.380 | | | −.697 | | * |
| 性別 | −.623 | 0.537 | * | −.779 | 0.459 | ** |
| 00 年代世代 | −.128 | 0.880 | | −.216 | 0.806 | |
| 大学第一世代 | .453 | 1.572 | + | .237 | 1.268 | |
| 私立 C ランク大学 | | | | 1.007 | 2.737 | ** |
| 〈晩期・就職部非経由・利用無〉 | | | | | | |
| 切片 | −.870 | | ** | −1.032 | | ** |
| 性別 | −.019 | 0.981 | | −.112 | 0.894 | |
| 00 年代世代 | −.645 | 0.525 | * | −.695 | 0.499 | * |
| 大学第一世代 | .637 | 1.890 | * | .498 | 1.646 | + |
| 私立 C ランク大学 | | | | .606 | 1.833 | * |
| 〈縁故〉 | | | | | | |
| 切片 | −.760 | | * | −1.029 | | ** |
| 性別 | −.009 | 1.009 | | −.124 | 0.883 | |
| 00 年代世代 | −.924 | 0.397 | ** | −.992 | 0.371 | ** |
| 大学第一世代 | −.050 | 0.951 | | −.239 | 0.788 | |
| 私立 C ランク大学 | | | | .878 | 2.406 | ** |
| −2 対数尤度 | 135.399 | | | 288.269 | | |
| Cox & Snell R 2 乗 | .069 | | | .106 | | |
| ケース数 | 461 | | | 461 | | |

** 1%水準で有意　* 5%水準で有意　+ 10%水準で有意

早期に就職先を決めたことを意味する「WWW・葉書・先輩」である。結果は表5-11に示した。

モデルA-1は、統制変数として性・世代だけを投入したモデルである。「大学第一世代」については、有意水準五%では「晩期・就職部非経由・利用無」で、有意水準一〇%まで許せば「晩期・就職部非経由・利用有」においても効果を見ることができる。ここでの結果を見る限りにおいては、非大学第一世代と比べて大学第一世代の方が「WWW・葉書・先輩」ではなく「晩期・就職部非経由・利用有」「晩期・就職部非経由・利用無」になりやすい傾向だということになる。統制変数については性と世代において有意な関係が見られ、男性よりも女性の方が「WWW・葉書・先輩」ではなく「晩期・就職部経由」「晩期・就職部非経由・利用有」になりやすく、〇〇年代世代よりも〇〇年代以前世代の方が「WWW・葉書・先輩」ではなく「晩期・就職部非経由・利用無」「縁故」になりやすい傾向にある。

モデルA-2は、モデルA-1に対し統制変数として新たに大学ランクを加えたものである。モデルA-1では有意な効果が見られた「大学第一世代」は、モデルA-2では「晩期・就職部非経由・利用無」において一〇%水準で有意な効果が見られるに過ぎない。一方で、新しく投入した「私立Cランク大学」は、被説明変数のいずれのカテゴリーに対しても有意な効果を持っている。私立Cランク大学の方が、早期（「WWW・葉書・先輩」）ではなく「晩期・就職部経由」になるなりやすさが二・四倍（$e^{0.865}$）、「晩期・就職部非経由・利用有」になるなりやすさが二・七倍（$e^{1.007}$）、「晩期・就職部非経由・利用無」になるなりやすさが一・八倍（$e^{0.606}$）、「縁故」になるなりやすさが二・四倍（$e^{0.878}$）となっている。なお、性と世代についてはモデルA－1と同様で、「性別」は「晩期・就職部経由」「晩期・就職部非経由・利用有」において、「〇〇年代世代」は「晩期・就職部非経由・利用無」「縁故」において、それぞれ有意な効果を持っている。

まとめると、階層要因である「大学第一世代」は性・世代・大学ランクをコントロールすると入職経路変数との間に有意な関連は見られず、したがって入職経路の決定に階層要因が関連しているとは言えない。なお、入職経路の決定には性・世代・大学ランクといった要因が関連しており、とりわけ「私立Cランク大学」の場合は「WWW・葉書・先輩」以外の入職経路になりやすい傾向にある。

## 6　大学成績・大学生活の効果と晩期における違い

次に、大学の成績と大学生活の過ごし方の効果について検討しよう。前節と同じく、入職経路変数を被説明変数とする多項ロジスティック回帰分析を行った。被説明変数の基準カテゴリーは早期に就職先を決めたことを意味する「WWW・葉書・先輩」である。説明変数としては、引き続き性・世代・大学ランクを統制変数として投入し、階層要因についてもモデルに含めた。結果は表5－12に示した。

モデルB－1は、前述の説明変数の他に大学の成績のみ投入したモデルである。被説明変数のど

表 5-12　大学の成績・大学生活の過ごし方の効果

| 基準カテゴリー | モデル B-1 | | | モデル B-2 | | |
|---|---|---|---|---|---|---|
| 〈WWW・薬書・先輩〉 | B | Exp(B) | | B | Exp(B) | |
| 〈晩期・就職部経由〉 | | | | | | |
| 切片 | −.954 | | ** | −.684 | | |
| 性別 | −.873 | 0.418 | * | −.764 | 0.466 | * |
| 00 年代世代 | −.680 | 0.507 | * | −.670 | 0.512 | * |
| 大学第一世代 | .193 | 1.213 | | .221 | 1.247 | |
| 私立 C ランク大学 | .820 | 2.271 | * | .889 | 2.433 | ** |
| 大学成績 | .424 | 1.529 | | .283 | 1.327 | |
| 授業講義出席率 | | | | .409 | 1.505 | |
| 部サークル | | | | −.082 | 0.921 | |
| アルバイト | | | | −.757 | 0.469 | * |
| 〈晩期・就職部非経由・利用有〉 | | | | | | |
| 切片 | −.655 | | * | −.381 | | |
| 性別 | −.812 | 0.444 | ** | −.786 | 0.456 | ** |
| 00 年代世代 | −.213 | 0.808 | | −.210 | 0.811 | |
| 大学第一世代 | .234 | 1.263 | | .230 | 1.259 | |
| 私立 C ランク大学 | 1.016 | 2.762 | ** | 1.017 | 2.766 | ** |
| 大学成績 | −.157 | 0.855 | | −.177 | 0.838 | |
| 授業講義出席率 | | | | .037 | 1.038 | |
| 部サークル | | | | −.204 | 0.815 | |
| アルバイト | | | | −.273 | 0.761 | |
| 〈晩期・就職部非経由・利用無〉 | | | | | | |
| 切片 | −.864 | | * | −.230 | | |
| 性別 | −.248 | 0.780 | | −.335 | 0.716 | |
| 00 年代世代 | −.683 | 0.505 | * | −.656 | 0.519 | * |
| 大学第一世代 | .482 | 1.619 | | .443 | 1.558 | |
| 私立 C ランク大学 | .645 | 1.907 | * | .606 | 1.833 | * |
| 大学成績 | −.742 | 0.476 | | −.578 | 0.561 | |
| 授業講義出席率 | | | | −.438 | 0.645 | |
| 部サークル | | | | −.455 | 0.635 | |
| アルバイト | | | | −.258 | 0.773 | |
| 〈縁故〉 | | | | | | |
| 切片 | −.864 | | * | −.145 | | |
| 性別 | −.263 | 0.769 | | −.079 | 0.924 | |
| 00 年代世代 | −.963 | 0.382 | ** | −.991 | 0.371 | ** |
| 大学第一世代 | −.292 | 0.747 | | −.288 | 0.750 | |
| 私立 C ランク大学 | .893 | 2.443 | ** | .958 | 2.606 | ** |
| 大学成績 | −.636 | 0.530 | | −.774 | 0.461 | |
| 授業講義出席率 | | | | −.473 | 1.605 | |
| 部サークル | | | | −.865 | 0.421 | * |
| アルバイト | | | | −1.089 | 0.337 | ** |
| −2 対数尤度 | 333.705 | | | 807.142 | | |
| Cox & Snell R 2 乗 | .119 | | | .168 | | |
| ケース数 | 460 | | | 459 | | |

** 1%水準で有意　* 5%水準で有意

のカテゴリーにおいても有意な効果は見られない。大学の成績は入職経路の決定に関連する要因ではないということになる。

モデルB－2は、大学の成績に加えて大学生活の過ごし方に関する変数も説明変数として投入したものである。出席率に関しては被説明変数のいずれのカテゴリーにおいても有意な効果が見られない。部サークルについては「縁故」においてのみ有意な効果が見られ、部サークルに熱心でなかった方が二・四倍（$e^{0.865}$）「WWW・葉書・先輩」ではなく「縁故」になりやすいことを示している。またアルバイトについては「晩期・就職部経由」と「縁故」で有意な効果が見られる。アルバイトに熱心でなかった方が、「WWW・葉書・先輩」ではなく「晩期・就職部経由」に二・一倍（$e^{0.757}$）、「WWW・葉書・先輩」ではなく「縁故」に三・〇倍（$e^{1.089}$）なりやすいことを示している。

まとめると、入職経路と大学の成績との間には関連がなく、晩期という就職活動の場が相対的に成績の劣った人たちの間で繰り広げられているというわけではないことがわかる。また、大学生活の過ごし方については部サークルとアルバイトが関連している部分もあるが、その関連は限定的であって入職経路を決める重要な要因になっているとは言えない。

ここまでは基準カテゴリーを「WWW・葉書・先輩」として分析を行ったが、最後に晩期内部に限定した分析を行おう。表5－13は、入職経路変数を被説明変数とする多項ロジスティック回帰分析であるが、「WWW・葉書・先輩」「縁故」を分析対象から除外し、基準カテゴリーを「晩期・就職部経由」として分析を行ったものである。「晩期・就職部経由」と比べて、「晩期・就職部非経

表 5-13　晩期に限定した分析

| 基準カテゴリー〈晩期・就職部経由〉 | モデル C-1 | | モデル C-2 | |
|---|---|---|---|---|
| | B | Exp(B) | B | Exp(B) |
| 〈晩期・就職部非経由・利用有〉 | | | | |
| 切片 | .287 | | .244 | |
| 性別 | .018 | 1.019 | .035 | 1.036 |
| 00 年代世代 | .463 | 1.589 | .456 | 1.578 |
| 大学第一世代 | .048 | 1.049 | .024 | 1.025 |
| 私立 C ランク大学 | .255 | 1.291 | .195 | 1.216 |
| 大学成績 | −.605 | 0.546 | −.485 | 0.616 |
| 授業講義出席率 | | | −.355 | 0.701 |
| 部サークル | | | −.179 | 0.836 |
| アルバイト | | | .494 | 1.639 |
| 〈晩期·就職部非経由·利用無〉 | | | | |
| 切片 | .078 | | .377 | |
| 性別 | .610 | 1.841 | .594 | 1.811 |
| 00 年代世代 | −.071 | 0.932 | −.065 | 0.937 |
| 大学第一世代 | .340 | 1.405 | .295 | 1.343 |
| 私立 C ランク大学 | −.144 | 0.866 | −.250 | 0.779 |
| 大学成績 | −1.170 | 0.310 * | −.810 | 0.445 |
| 授業講義出席率 | | | −.955 | 0.385 ** |
| 部サークル | | | −.429 | 0.651 |
| アルバイト | | | .534 | 1.706 |
| −2 対数尤度 | 157.108 | | 366.446 | |
| Cox & Snell R 2 乗 | .079 | | .116 | |
| ケース数 | 228 | | 227 | |

** 1%水準で有意　* 5%水準で有意

由・利用有」「晩期・就職部非経由・利用無」がそれぞれどのような特徴を有するかを分析するためのモデルである。説明変数として投入したものはB－1およびB－2モデルと同一で、性・世代・大学ランクを統制変数として投入し、階層要因もモデルに含めた。

分析の結果は、モデルC－1・C－2とも「晩期・就職部経由」ではなく「晩期・就職部非経由・利用有」に対しては有意な効果を持つ変数がない。したがって、「晩期・就職部非経由・利用有」になるなりやすさは、階層要因や大学の成績や大学生活の過ごし方によって左右されないということになる。

他方、「晩期・就職部非経由・利用無」に対してはモデルC－1で大学の成績が有意な関連を持っている。ただ、モデルC－2を見ると大学の成績は有意な効果を持たず授業講義出席率のみが有意な効果を持っており、「大学成績」の効果ではなく実は「授業講義出席率」の効果であったことがわかる。つまり、授業講義出席率が八割未満であった人の方が、「晩期・就職部経由」ではなく「晩期・就職部非経由・利用無」に二・六倍（$e^{0.955}$）なりやすいということを意味している。もっとも、ここに見られる関係は、前章で見た「利用」に見られる関係が再現されているのだと思われる。前章の分析結果は、授業講義出席率八割以下の人の方が「利用無」になりやすいということであった。本章で見ている「晩期・就職部経由」とは就職部の「利用」がある人で、「晩期・就職部非経由・利用無」とは「利用」のない人であるから、両者を比較すれば前章の分析結果と同じこと、すなわち授業講義出席率が八割以下の人は「利用」なし＝「晩期・就職部非経由・利用無」になりやすいという結果が出てくると考えられるのである。

## 7　開かれている就職斡旋の機会

本章で明らかになったことをまとめよう。以下の三点に集約できる。

第一に、就職部を「経由」する人は全体のわずか一〇％強に過ぎない、という点である。これは、生徒の多くが学校による就職斡旋を利用している高卒就職とは大きく異なる。

第二に、早期に就職先が決まらず「晩期・就職部経由」で決まる人にはどういう人が多いのかを見るために、階層要因・大学の成績・大学生活の過ごし方による違いを見たところ、これらの要因による違いはなかった。ただし、大学ランクによる違いは顕著に見られた。階層要因・大学の成績・大学生活の過ごし方による違いはなく大学ランクによる違いはあるという関係は、早期に就職先が決まった人と「晩期・就職部経由」との間の関係のみならず、早期に就職先が決まった人と「晩期・就職部非経由・利用有」、早期に就職先が決まった人と「晩期・就職部非経由・利用無」の間においても見られた。このことは、大卒者全体で見たときには、早期に就職先が決まった人は大学ランクの高い人が多く、晩期に就職先が決まった人は大学ランクの低い人が多いということを意味する。これは先行研究が示すところと同じである。しかし、ひとたび大学ランクをコントロールすれば、その内部においては階層要因も大学の成績も大学生活の過ごし方も、早期晩期を分ける要因にはならない、ということも意味している。早期に就職先が決まった人の方が晩期に就職先が決まった人より優秀であるというのは、大学ランクをコントロールすれば間違った仮説であると言える。

第三に、晩期において就職部の斡旋を受けるか受けないかという点に対しても、階層要因・大学の成績・大学生活の過ごし方による違いは見られなかった。これは大学就職部が大学の成績などの基準を用いて斡旋を受ける機会を制限しているのではないかという疑惑を否定する結果である。就職部の提供するサービスにアプローチするかしないかという点では授業講義出席率による差があったが、アプローチをしてきた人の間で大学就職部が何らかの異なる対応をすることはなさそうだ、というのがこの分析結果の示すところである。

このことを高卒就職における学校の役割と比較してみると、非常に興味深い。同じ「学校による就職斡旋」とはいえ、学生・生徒に対する関わり方は大学と高校で異なる。高卒就職では学校は学業成績や欠席日数によって斡旋を受ける機会を制限することもあった。言わば「生徒の選抜」を行うのである。これに対し大学就職部は、本章の分析結果に従うならば「学生の選抜」を行わないということになる。つまり、大学就職部の斡旋を受ける機会は誰に対しても開かれていると言って良い。この結果は、第三章で見た就職部職員の証言とも符合するものである。

このように見てくると、さらなる疑問も湧いてくる。この章で見たような斡旋を受ける機会が誰に対しても開かれているというのは、「良好な条件の職」の紹介を受ける機会においても同様にそうなのだろうか。斡旋を受けることはできても「良好な条件の職」の機会は閉ざされているという可能性もある。この問題に関する分析は次章に委ねたい。

注

(1)リクルート社などから学生に送付される「企業ガイドブック」や「会社案内」の中に資料請求ハガキが同梱されていた。

(2)分析の中で、「その他の先輩」は「(いわゆるリクルーターか)」というような解釈がなされている(吉本 1994)。

(3)一九九三(平成五)年当時はインターネットによる就職活動が普及する前のことであるので、「インターネット・WWW」によるエントリーという選択肢は存在していない。

(4)二〇〇五(平成一七)年当時は資料請求ハガキによるエントリーはあまり多くは行われなくなっているので、「資料請求ハガキ」に相当する選択肢は存在していない。また、「インターネット・WWW」の中に「就職情報誌(就職ジャーナル)などを見て応募」という文言も入っているが、実際のところ二〇〇五(平成一七)年当時の誌面を見ると求人情報ではなく主として就職活動の進め方などの情報が掲載されており、就職情報誌が入職経路となるケースはほとんどないと考えられるので、分析上結果に大きな違いを産むことはなく、この文言が入っていても差し支えない。

(5)JILPT2005年調査・追跡調査に見る大学ランク別の結果はJIL1998年調査とほぼ同様の傾向を示していると言って良い。

(6)初職については、「「最後に通った学校」を出て、はじめて就いた仕事」と調査票の中で定義して質問をしている。この章で分析対象としているサンプルは、同時に聞いた学歴によって最後に通った学校が四年制大学で、かつ卒業していることがわかっている人たちであるので、ここで「最後に通った学校」というのは大学を指すことになる。

(7)この質問は回答に際して複数回答を許しており、入職経路について回答のある四九二ケース中五七ケースで複数回答があった。この複数回答のケースについては、本文中に示した入職経路変数作成のための再カテゴリー化の際、次のように操作的に処理をした。

(一)「インターネットや資料請求ハガキ」か「学校の先輩・リクルーター」のどちらかを選択していた場合、「早期」とみなした。複数回答がある五七ケース中、四三ケースがこれに該当する。

(二)(一)の作業で残った一四ケース中、「進路指導室や就職部」を選択していた場合、「晩期・就職部経由」であるとみなした。これは六ケースある。

(三)(二)の作業で残った八ケース中、「家族や親族」を選択していた場合、「縁故」であるとみなした。これは五ケースである。

(四)(三)の作業で残った三ケースは、「晩期・就職部非経由」であるとみなし、「求人票の閲覧」の有無に応じて、「晩期・就職部非経由・利用有」「晩期・就職部非経由・利用無」に割り振った。

(8)これに該当するのは六ケースである。本章ではこの六ケースすべてが「晩期・就職部経由」であるとみなし分析している。

# 第六章　大学就職部「経由」の効果

## 1　就職活動の結果を問うことの意義

ここまでの章では就職活動のプロセスに焦点を当ててきた。第四章においては大学就職部の提供するサービスを「利用」する機会について、第五章においては「経由」、すなわち大学就職部の斡旋を受けて就職する機会について、それぞれ考察を行った。この章では就職活動の帰結、すなわち初職へと視点を移し分析を行う。

主たる関心は二点ある。第一に、大学就職部による斡旋を受けた場合の初職は、他の入職経路を経た場合と比べるとどのような特徴があるのか、という問題である。具体的には、卒業から就業までに間断があるかどうか、正規か非正規かという雇用形態、あるいは企業規模といった初職について客観的に測られる指標や、希望通りの初職であったかどうかという主観的評価において、大学就職部による斡旋を受けた場合とそうでない場合とを比較する。この問いについて検討する意味は、大学就職部による斡旋という言わば制度による介入があった場合の帰結を見るところにある。制度による介入が行われた場合とそうでない場合とを比較し、結果がどのように異なるのかあるいは変わらないのかということを明らかにすることで、新規大卒労働市場において大学就職部による斡旋という制度が持っている意味を考察したい。

第二の関心は、大学就職部による斡旋を受けた人たちの内部で初職にどのような違いが生じているのかという問題である。これは、大学就職部が斡旋の場面で学生をどのように割り振っているかという問題と関連している。高卒就職の場合、先行研究の知見によれば、学業成績（苅谷 1991）や欠席日数（石田 2001）等の基準を用いて生徒の選抜を行う。ここで選抜というのは、斡旋をするか否かにとどまらず斡旋をする場合にどのような企業に推薦するかという点での選抜をも意味している。つまり、高卒就職においては、良い成績の生徒は良い企業に、そうでない生徒はそれなりの企業にという選抜が行われているのであった。翻って大卒就職について見た場合、第五章の分析を通じて、大学就職部による斡旋を受けるか否かという点については大学の成績や大学生活の過ごし方に基づいての選抜は行われていないことが明らかになった。では、どの企業に斡旋をするかという場面においては、大学の成績や大学生活の過ごし方はどのように関係しているのだろうか。この問いは、大学就職部が斡旋を通じて行う市場への介入の仕方の内実を明らかにしようという意図を持つ。

以上の二つの関心に基づいて分析を行い、大学就職部による斡旋という制度が新規大卒労働市場においてどのような役割を果たしているかを考察していく。本章の構成は以下のとおりである。まず本書が寄せる関心と関連のある先行研究の知見をまとめ、問題の設定を行う（第2節）。次に、分析に用いる変数について説明をしたあと（第3節）、入職経路によって初職がどのように異なるか、また大学就職部による斡旋を受けた場合の初職の違いについて、いくつかの条件を設定しながら分析を行っていく（第4～6節）。最後に、分析の結果についての議論を行い、就職部「経由」の効果について考察を行う（第7節）。

## 2　先行研究における初職の扱われ方

第四章と第五章に引き続き、ここでもＪＩＬ・ＪＩＬＰＴの大規模調査の結果を中心に見ていこう（調査の概要については表4－1と表5－1を参照）。

この章の第一の関心、すなわち大学就職部による斡旋を受けた場合の初職の特徴はどのようなものであるかという問題だが、この問題を解くためには少なくとも二つの要素について定義を明確にしなければならない。それは、第一に入職経路であり、第二に初職である。入職経路については、既に第五章で検討したように、これまでの先行研究における作成方法だと本書の問題関心に十分答えられるものとはなっていないのであった。したがって、大学就職部による斡旋を受けた場合の特徴について直接的に回答を与える先行研究は見当たらないということになる。他方、初職についての変数はどうか。以下では、初職を表すものとしてどのような変数が作成され、入職経路との関連については何が述べられているのかを調査ごとにレビューする。

ＪＩＬ１９９３年調査を用いた分析では、初職を含めた離職経験が変数として作成されている（吉本 1994）。つまり、卒業から調査時点までの間に一度でも離職を経験したことがある人の割合を男女別に、また男性についてはさらに学部別に、それぞれ示している。入職経路として用いられているのは「大学組織」「ＯＢ」「企業ガイドブック」「縁故」「新聞広告」の五つである[1]。結果を見ると、「ＯＢ」が最も低く（人文系一八・二％、社会系一〇・〇％）、「新聞広告」が最も高い（人文系五九・〇％、社会系四一・一％）。残る三つの入職経路については人文系と社会系で若干傾向が異なっていて、人文系は四〇％台後半、社会系は二〇〜三〇％程度となっている。

ＪＩＬ１９９３年調査・追跡調査の分析では、卒業後一〇年目までの累積就職率の他、初職業種・規模の割合やキャリア全般に対する満足度などを変数として構築している。そして、初職選択行動として五つのタイプを作成し[2]、タイプ別に前述の変数の割合を示している（下村 1999）。残念ながら大卒者全体の数字のみで学部別のものは示されていないが、結果としては次のようなことが明らかになっている。企業規模については、「研究室推薦」と「ＯＢ」で五〇〇〇人以上の企業が多く、「自由応募」では一〇〇〇～四九九九人が最も多く、「縁故等」では一〇〇～四九九人が多い。初職選択行動のタイプによって企業規模には違いがある。また、離職率については「自由応募」が他の入職経路よりも高い傾向にある。そして、卒業後のキャリアや職業生活全般に対する満足度を見ても、「自由応募」は他の入職経路と比べて低い。

ＪＩＬ１９９８年調査・追加調査を用いた分析で入職経路が取り上げられているが（Loo and Velden 2003）、ここでは「教育の収益性」に対する「社会的ネットワーク」としての入職経路の効果を見ることが分析の目的となっており、そのため被説明変数が調査時点における労働時間あたり総所得となっている。つまり、初職を問題の対象にしようとする分析ではない。なお、分析結果としては、入職経路としての「就職課の利用」「教師の利用」は有意な効果を持っていないことが明らかになっている。

ＪＩＬＰＴ２００５年調査・追跡調査を用いた分析でも入職経路が取り上げられている（小杉 2007）。第五章でも言及したが、ＪＩＬＰＴ２００５年調査・追跡調査は、追跡調査とはいえ卒業後わずか二ヶ月しか経過をしていない時点での調査であるので、調査時点での離職状況ではなく調査後の定着予測について尋ねて被説明変数としている。定着予測とは、追跡調査の調査時点での仕事を三年後も続けているかどうかの予測を尋ねたものである。[3] 結果としては、「就職支援ウェッブサイト・就職情報誌を見て応募」という経路を取った場合に典型雇用へ進む割合が多く[4]（典型定着予測で五六・九％、典型非定着で五三・四％）、他方で非典型雇用へ進む人の入職経路は多様で、「就職支援ウェッブサイト・就職情報誌を見て応募」（一七・〇％）、「大学就職部／キャリアセンター等で紹介」（一三・二％）、「電話等で自分から企業に求人の有無を聞いた」（一三・二％）、「個人的なつてを利用」（一五・一％）となっている。

以上はＪＩＬ・ＪＩＬＰＴが行った大規模調査のレビューであるが、調査の規模は小さくなるものの苅谷らの研究についてもあわせて見ておきたい（苅谷編 1995；岩内・苅谷・平沢 1998）。苅谷（1995）によれば、一九九三年調査において、企業規模別（業界トップ企業・大手（上場）企業、準大手企業、中小企業）に内々定獲得の時期を見ると、「業界トップや大手企業の内定者が、七月上旬の時点で七割近くを占め、準大手や中小に先行している」という関係があることを示している。つまり、規模が大きい企業ほどより早期に決まり、規模が小さい企業ほど晩期に決まるというのである。また筒井（1998）によれば、一九九八年調査において、同様に企業規模別の内定獲得時期を見ると、中小企業への内定獲得時期が準大手並に早期化しているものの、「トップ＋大手企業の先行には変わりがない」ということを指摘している。これらの結果から類推すれば、就職活動シーズンの早期では大企業への就職が多く、晩期では中小企業への就職が多いという結果が予想される。

次にこの章の第二の関心、すなわち大学就職部による斡旋を受けた人たちの内部で初職がどのように異なっているかという点についての分析であるが、第四章から本章にかけて見てきているＪＩＬ・ＪＩＬＰＴ調査においてはそのような枠組みでの分析は行われてこなかった。また、前述の苅谷らによる調査研究においても事情は同様で、そのような枠組みでの分析は行われていない。調査対象が個人ではなく、もう少し直截的に大学就職部となっている調査研究にも視野を広げてみても、やはり状況は変わらない。高卒就職において学校が果たしている役割と同様に、大学就職部も斡旋に際して大学の成績や大学生活の過ごし方などで選抜を行っているのかという疑問は先行研究において検討されておらず、答えは明らかになっていない。

## 3 分析の方法と用いる変数

以上に見た先行研究の状況を踏まえて、本章では以下のように問題を設定する。

第一の関心、すなわち大学就職部による斡旋を受けた場合の初職の特徴については、入職経路の変数として前章で検討し作成した変数を利用することで、大学就職部による斡旋という経路の持つ特徴を浮かび上がらせる。初職の特徴としては以下の四点を分析の対象とする。

一点目は、初職の雇用形態、すなわち正規雇用なのか非正規雇用なのかという点である。入職経路と雇用形態との関係はＪＩＬＰＴ２００５年調査・追跡調査では分析の対象になっていたものの、それ以前のＪＩＬ１９９３年調査とＪＩＬ１９９３年調査・追跡調査では分析の対象になっていなかった。直近のＪＩＬＰＴ２００５年調査・追跡調査でのみ分析の対象となったのは、「正社員になるかならないか」という問題へのまなざしが、一九九〇年代後半以降の無業者・フリーター問題に対する関心の高まりに由来するためではないかと推測されるが、いずれにしても初職が正規雇用であるか非正規雇用であるかについては近年注目を集めている問題でもあり、雇用形態は仕事の良好さを示す指標とみなしうるものでもあるので、本章でも初職の特徴を示す指標として採用する。

二点目は企業規模である。ＪＩＬ・ＪＩＬＰＴ調査においてはＪＩＬ１９９３年調査・追跡調査でのみ入職経路と企業規模との関係が分析の対象となっており、それ以外では分析の対象になっていなかった。初職の良好さを示す指標として就職先の企業規模を見るという見方は大卒就職研究において古くからあるが、従来企業規模が問題となってきたのは入職経路との関係ではなく主に大学ランクとの関係であった[5]。銘柄大学から一流企業に行く様子は、指定校制が行われていた時代においてはもちろんのこと、一九七〇年代前後に指定校制が崩壊し自由応募制が普及する過程においても「学歴社会論」を象徴する出来事として引き続き関心の対象であり続けた（小池・渡辺 1979；天野 1984 など）。このような事情もあり、本書が先行研究として見ているＪＩＬ・ＪＩＬＰＴ調査においても、企業規模は大学ランクとの関係において分析されている。ＪＩＬ１９９３年調査では経済学部卒業生について大学ランクと企業規模との関係が示され[6]、大学ランクが最も高い「有利度１」の大学の卒業生は、卒業生全体の三九・二％が金融・保険業の五〇〇〇人以上規模企業へ、また一七・〇％が建設・製造業の五〇〇〇人以上規模企業へ就職しているのに対し、金融・保険業の四九九九人以下規模企業へは六・三％、建設・製造業の九九九人以下規模企業へはわずか〇・四％しか就職しておらず、業種によらず規模の大きい企業へ就職していることがわかる。逆に大学ランクが最も低い「有利度４」の大学の卒業生は、規模の小さな企業への就職が多く、大企業への就職は少ない（吉本 1995）。また、ＪＩＬＰＴ２００５年調査では人文社会系の学生の内定先に関する分析があり、ランクの高い「国立Ⅰ・私立Ａ」では五〇〇〇人以上規模企業へ就職する者の割合が三〇・一％であるのに対し二九九人以下規模企業はわずか一三・九％にすぎず、他方ランクの低い「私立Ｃ」では五〇〇〇人以上規模企業が五・九％にとどまるのに対し二九九人以下規模企業は二三・五％にものぼっている（濱中 2007）。このような大学ランクと初職企業規模との関係に関する知見は二つの点を示唆している。一つは、初職が良好であるかどうかを示す指標として企業規模は今なお利用されているという点である。本章の分析でも先行研究に倣って初職の特徴を表す指標としてこの企業規模を使うことにしたい。もう一つは、大学ランクと初職企業規模との関係を無視するわけにはいかないという点である。一連の先行研究の知見は、統制変数として大学ランクを投入した上で入職経路と企業規模との関係を見るという手続きが必要になることを示唆している。

三点目は、卒業から初職入職までの間断の有無である。この点は、ＪＩＬ・ＪＩＬＰＴ調査においては全く分析の対象となっていない。一点目の雇用形態と同様で、無業者・フリーター問題が大きな注目を浴びるようになった近年に特有の問題ではあるが、初職が間断なしに入職したものなのかそうでないのかという点を初職の特徴を表す指標として利用することにしたい。

四点目は、初職が希望通りであるかという主観的判断である。上記三点が客観的に測られる指標であるのに対し、ここでは回答者の主観の世界を問題とする。先行研究として見てきたＪＩＬ・ＪＩＬＰＴ調査の中ではＪＩＬ１９９３年調査・追跡調査でキャリア全般に対する満足度が分析の対象となっている。主観の世界をとりあげるという点では本章の分析と同様であるが、キャリア全般では必ずしも初職の評価にはならないので、ここでは初職に限定した意識を問題としたい。

これら四点によって測られる初職の特徴が、入職経路によってどのように異なるのかを明らかにするのが、第一の関心に関しての本章における問題となる。

第二の関心については、ここでも高卒就職による学内選抜を合わせ鏡にして、大学の成績や大学生活の過ごし方によって就職先の状況がどのように異なるかを確かめることにする。具体的には、初職の特徴に対する大学の成績や大学生活の過ごし方の効果が、斡旋を受けた場合と受けなかった場合で効果が異なるかどうかを確かめる。具体的な手続きについては、分析の中で再度説明を行う。

本章での分析に用いるデータは、社研パネル調査のデータである。分析に用いる変数は、表6-1に示したとおりである。

被説明変数には初職に関する四つの指標を用意したが、具体的な変数の構築方法は次のとおりである。「間断あり」は大学卒業後初職入職までに一ヶ月以上の間断があるかどうかを区別するものである。間断があれば1、なければ0とした。「非正規」は初職が非正規の職であるかどうかを区別するものであり、非正規ならば1、正規ならば0とした。ここで非正規としているのは、就業形態が「パート・アルバイト・契約・臨時・嘱託」「派遣」「請負」の場合である。「企業規模一〜九九人」は初職の企業規模を区別するもので、企業規模が一〜九九人の小企業である場合に1、一〇〇人以上の規模である場合に0とした。「希望通り」は、初職の仕事が希望していた仕事であった

表 6-1　変数一覧

| | |
|---|---|
| 〈被説明変数〉 | |
| 間断あり | 大学卒業後 1 ヶ月以上経過してから初職に勤め始めた場合を 1、1 ヶ月以内に勤め始めた場合を 0 |
| 非正規 | 初職が「パート・アルバイト・契約・臨時・嘱託／派遣／請負」の場合を 1、そうでない場合を 0 |
| 企業規模 1 ～ 99 人 | 初職企業規模が 1 ～ 99 人の場合 1、100 人以上の場合を 0 |
| 希望通り | 初職の仕事が希望していた仕事であった場合を 1、そうでない場合を 0 |
| 〈説明変数〉 | |
| 性 | 男性が 1、女性が 0 |
| 00 年代世代 | 生年が 1977 年以降の場合を 1、1966 ～ 1976 年の場合を 0 |
| 私立 C ランク大学 | 学習研究社『学研版 2009 年度用大学受験案内』に記載された大学偏差値が 50.0 以下の私立大学を卒業している場合を 1、そうでない場合を 0 |
| 入職経路変数（ダミー変数） | 〈初職を知り応募したきっかけ〉への回答によって作成 |
| 　（基準）WWW・葉書・先輩 | 回答が「インターネットや資料請求ハガキ」または「学校の先輩・リクルーター」である場合で、早期に就職先を決めたことを意味する |
| 　晩期・就職部経由 | 回答が「進路指導室や就職部」の場合を 1 |
| 　晩期・就職部非経由・利用有 | 回答が「学校の先生」「求人広告や雑誌」「友人・知人」「その他」のいずれかで、かつ就職活動中に「学校に来ていた求人票の閲覧」経験がある場合を 1 |
| 　晩期・就職部非経由・利用無 | 回答が「学校の先生」「求人広告や雑誌」「友人・知人」「その他」のいずれかで、かつ就職活動中に「学校に来ていた求人票の閲覧」経験がない場合を 1 |
| 　縁故 | 回答が「家族や親族」の場合を 1 |
| 大学第一世代 | 父母のどちらとも高等教育機関に通ったことがない場合を 1、そうでない場合を 0 |
| 大学成績 | 大学での成績において、優が占める割合が 8 割以上の場合を 1、そうでない場合を 0 |
| 授業講義出席率 | 大学での講義の出席率が 8 割を超えていた場合を 1、そうでない場合を 0 |
| 部サークル | 大学在学中にクラブ・サークル・部活動を熱心にやっていた場合を 1、そうでない場合を 0 |
| アルバイト | 大学在学中にアルバイトを熱心にやっていた場合を 1、そうでない場合を 0 |

交互作用項の作成方法については本文中で説明を行った。

場合を1、そうでない場合を0としている。

ここに取り上げた四つの指標は、「間断あり」「非正規」「企業規模一〜九九人」においては1をとる場合、「希望通り」については0をとる場合に、それぞれ条件の悪い初職であると一般的には考えられると言って良いだろう。たとえば「間断あり」や「非正規」の変数が1の値をとる場合、すなわち大学卒業から初職に至るまでに間断があったり初職が非正規職であったりすることは、本章第2節の先行研究の検討の際にも見たように、これまでは望ましくないこととして議論されてきた経緯もある。本章の以下の分析では、これら四つの指標に関して条件の悪い状態になるなりやすさが入職経路によってどのように異なるのかを検討していく。

なお、説明変数としては、この章までに用いてきたものと同じものを用いる。「性別」「○○年代世代」の他、大学ランクは「私立Cランク大学」、入職経路は前章で作成した五類型で早期に就職先が決まったことを意味する「WWW・薬書・先輩」を基準とするダミー変数、階層要因は「大学第一世代」、大学生活としては「大学成績」「授業講義出席率」「部サークル」「アルバイト」の四変数である。変数の構築の仕方についての説明は既にこれまでの章で行ってきたので、ここでは省略する。以下の分析では説明変数として交互作用項を投入するが、その作成方法については分析の際にその都度説明を行う。

分析に含めたサンプルは、第四章・第五章と同一である。最後に通った学校が大学で、学部は人文社会系で、初職が官公庁以外のものである。官公庁は採用のあり方が民間企業とは異なるので、はじめから分析に含めないこととした。

## 4　入職経路別に見る初職の状況

はじめに、入職経路によって初職がどのように異なってくるかを確認しておこう。就職部を経由することによって、就職部を経由しない場合、縁故で就職する場合、あるいは早期で就職する場合と比べ、どのように状況が異なってくるのだろうか。

表6－2に示したのは、入職経路別に見た「間断あり」「非正規」「企業規模一～九九人」の割合である。前節で説明したように「間断あり」「非正規」「企業規模一～九九人」はいずれも1と0からなる変数であるので、この表には1にあたる場合の割合のみ記している。たとえば「間断あり」について表を見てみると、「WWW・葉書・先輩」は五・五％となっているが、これは入職経路が「WWW・葉書・先輩」で「間断あり」が五・五％であることを意味すると同時に、「間断なし」が九四・五％であることも意味している。この九四・五％という数字は一〇〇から「間断あり」の五・五を減じた数字であるが、表では記載を省略している。他の入職経路でも同様に、「晩期・就職部経由」では「間断あり」が表に記載どおり一・七％で、「間断なし」が表には記載していないが九八・三％である。また、「間断あり」以外の「非正規」「企業規模一～九九人」についても同様で、「WWW・葉書・先輩」の「非正規」が表にあるとおり八・三％であるのに対し「非正規」で

表 6-2　入職経路別に見た初職の状況（仕事に関する指標）

| | 間断あり | 非正規 | 企業規模 1～99人 |
|---|---|---|---|
| WWW・葉書・先輩 | 5.5% | 8.3% | 12.4% |
| 晩期・就職部経由 | 1.7% | 7.4% | 15.9% |
| 晩期・就職部非経由・利用有 | 26.0% | 20.9% | 55.7% |
| 晩期・就職部非経由・利用無 | 32.9% | 21.6% | 50.0% |
| 縁故 | 15.6% | 8.9% | 36.5% |

ない場合が表には記載していないが九一・七％、「WWW・葉書・先輩」の「企業規模一～九九人」が表にあるとおり一二・四％であるのに対し「企業規模一〇〇人以上」の場合が表には記載していないが八七・六％ということになる。

この表からわかることとして、第一に晩期における就職部経由と就職部非経由との違いがあげられる。その差は歴然であって、就職部を経由した場合、すなわち表中の「晩期・就職部経由」では「間断あり」が一・七％であるのに対し、就職部を経由しない場合は「晩期・就職部非経由・利用有」が二六・〇％で「晩期・就職部非経由・利用無」が三二・九％である。同じ晩期での就職でも、就職部を経由する場合はほとんどすべての人が卒業後間断なく就職しているのに対し、就職部を経由しない場合は三割ぐらいが間断を経験したのち初職に到達している。このような就職部経由と非経由との差は同様に「非正規」でも見られ、「晩期・就職部経由」では「非正規」が七・四％であるのに対し、「晩期・就職部非経由・利用有」では二〇・九％であり、「晩期・就職部非経由・利用無」では二一・六％となっている。初職が非正規である割合は、就職部を経由した場合は一〇％に満たないが、就職部を経由しない場合は二〇％に達する。また「企業規模一〜九九人」について見ると、「晩期・就職部経由」では一五・九％であるのに対し、「晩期・就職部非経由・利用有」では五五・七％であり、「晩期・就職部非経由・利用無」では五〇・〇％であって、晩期で就職部を経由した場合は規模が一〇〇人以上の比較的大きな企業に就職するケースが圧倒的多数であるのに対し、就職部を経由しない場合は逆に規模の小さな九九人以下の企業に就職する割合が五〇％を超える水準になっている。

表6－2からわかる第二の点は、「WWW・葉書・先輩」と「晩期・就職部経由」との関係である。「晩期・就職部非経由・利用有」や「晩期・就職部非経由・利用無」との間にある歴然とした差とは対照的に、「晩期・就職部経由」の割合は「WWW・葉書・先輩」と比較的似ている。「間断あり」では「WWW・葉書・先輩」が五・五％であるのに対し「晩期・就職部経由」が一・七％、「非正規」では「WWW・葉書・先輩」が八・三％であるのに対し「晩期・就職部経由」が七・四％、「企業規模一〜九九人」では「WWW・葉書・先輩」が一二・四％であるのに対し「晩期・就職部経由」が一五・九％である。間断の有無、非正規か否か、企業規模といった面で見れば、晩期で就職部を経由する場合の就職先は、早期での就職先のそれと似たものになると言うことができる。

なお、表6－2には縁故で就職した場合の割合も示したが、その傾向はやや独特である。「間断あり」は一五・六％で、この割合は「晩期・就職部非経由・利用有」や「晩期・就職部非経由・利用無」と比べれば低いが、「WWW・葉書・先輩」「晩期・就職部経由」と比較すると高く、卒業後間断を経験したのち初職に達する人がやや多いことを示している。しかし、「非正規」について見

表6-3　入職経路別に見た初職の状況（主観的意識）

| | 希望通り |
|---|---|
| WWW・葉書・先輩 | 62.1% |
| 晩期・就職部経由 | 50.0% |
| 晩期・就職部非経由・利用有 | 44.2% |
| 晩期・就職部非経由・利用無 | 48.8% |
| 縁故 | 46.9% |

ると、その割合は八・九％で、「ＷＷＷ・葉書・先輩」や「晩期・就職部経由」とほとんど変わらず、縁故の場合はほとんどが正規として就職していることを示している。だが、「企業規模一〜九九人」を見ると、その割合は三六・五％で、「晩期・就職部非経由・利用有」や「晩期・就職部非経由・利用無」ほどの多さではないが、「ＷＷＷ・葉書・先輩」や「晩期・就職部経由」に比べると多くなっており、「間断あり」と似た傾向を示している。縁故での就職は、労働市場において何らかのネットワークを利用して就職先を見つけるという点においては就職部経由の就職と同じだが、結果としての就職先は異なるものとなっている。

次に表６－３を見よう。これは、初職が希望通りであった割合を入職経路別に示したものである。読み方は表６－２と同じで、「ＷＷＷ・葉書・先輩」は六二・一％となっているが、これは入職経路が「ＷＷＷ・葉書・先輩」で「希望通り」が六二・一％であることを意味すると同時に、「希望通りでない」が三七・九％であることも意味している。この三七・九％という数字は表では記載を省略している。他の入職経路でも数字の読み方は同様である。

この表からわかるのは、第一に、晩期における就職部経由と就職部非経由の間には、表6-2の「間断あり」「非正規」「企業規模一〜九九人」で見られたほど歴然としたものではないにせよ、やはり差が存在するという点である。「晩期・就職部経由」の方が「晩期・就職部非経由・利用有」「晩期・就職部非経由・利用無」と比べて「希望通り」との回答がやや多い。第二にわかるのは、「晩期・就職部経由」と「WWW・葉書・先輩」の間にも差があるように見えるという点で、この点は表6-2の「間断あり」「非正規」「企業規模一〜九九人」で見られた関係とはやや異なる。

以上をまとめると、入職経路の違いは初職の状況に次のような効果をもたらしていると言える。第一に、入職経路の違いは初職の仕事について顕著な違いをもたらす。初職に就くまでに間断があったか否か、初職での就業が非正規雇用であったか否か、初職で就いた企業の規模が一〜九九人という小企業であったか否か、の三点で比較すると、晩期での就職は早期と比べて条件が劣る中、就職部経由だけは晩期であるにもかかわらず早期と同程度の良好な仕事にたどり着くことができる。第二に、入職経路の違いは初職が希望通りであったか否かについても違いをもたらしている。早期と比べて晩期では希望通りだった割合が低いが、就職部経由は晩期の中でも希望通りだった割合が他と比べて若干高い。しかし、その程度は早期よりも若干劣る。

これらの結論は、しかしながら、直ちに採用するのは慎重になる必要がある。その理由は二つある。第一に、先行研究を概観する中で明らかになったように、就職先の状況は性や世代や大学ランクなどによって異なる可能性があるので、これらの条件をコントロールした上でも同様の結論が得られるかどうかを確かめる必要がある。第二に、ここまでに見てきた入職経路による違いは、実は大学生活や出身階層など就職活動に先立つ諸要因で説明されてしまうのではないかという可能性があって、これらの要因をコントロールした上でもなお晩期における就職部経由の有利さが見られるかどうかを確かめる必要がある。これら二つの疑問に答えるため、入職経路による違いが見られた「間断あり」「非正規」「企業規模一〜九九人」「希望通り」の四変数について、以下順に検討をしていこう。

## 5　初職に対する性・世代・大学ランクの効果

第一の疑問に答えるため、ここでは性・世代・大学ランクの諸要因をコントロールした上での、初職の状況に対する入職経路の違いの効果を見る。

表6－4は、入職経路に関するダミー変数とともに性・世代・大学ランクの変数も同時に説明変数として投入したロジスティック回帰分析（モデルA）の結果である。この表からわかるのは以下の二点である。第一に、新たに投入した変数である性・世代・大学ランクのうち、世代においての「間断あり」「非正規」「企業規模一〜九九人」「希望通り」のいずれに対しても有意な関係が見られる。「間断あり」「非正規」「企業規模一〜九九人」になりやすいのは〇〇年代世代の方で、そのなりやすさは〇〇年代以前世代と比較して、「間断あり」で二・六倍（$e^{0.942}$）、「非正規」で二・七倍

表 6-4　性・世代・大学ランクによるコントロール

| | 間断あり（モデル A-1） | | | 非正規（モデル A-2） | | |
|---|---|---|---|---|---|---|
| | B | Exp(B) | | B | Exp(B) | |
| 性別 | .008 | 1.008 | | −.262 | 0.770 | |
| 00 年代世代 | .942 | 2.566 | ** | .997 | 2.711 | ** |
| 私立 C ランク大学 | −.143 | 0.867 | | −.446 | 0.640 | |
| (基準) WWW・葉書・先輩 | | | | | | |
| 晩期・就職部経由 | −1.102 | 0.332 | | −.013 | 0.987 | |
| 晩期・就職部非経由・利用有 | 1.885 | 6.586 | ** | 1.171 | 3.227 | ** |
| 晩期・就職部非経由・利用無 | 2.381 | 10.816 | ** | 1.362 | 3.904 | ** |
| 縁故 | 1.422 | 4.145 | ** | .426 | 1.531 | |
| 定数 | −3.348 | 0.035 | ** | −2.260 | 0.073 | ** |
| −2 対数尤度 | 354.387 | | | 307.888 | | |
| Cox & Snell R 2 乗 | .125 | | | .065 | | |
| ケース数 | 492 | | | 432 | | |

** 1%水準で有意　* 5%水準で有意

| | 企業規模 1 〜 99 人（モデル A-3） | | | 希望通り（モデル A-4） | | |
|---|---|---|---|---|---|---|
| | B | Exp(B) | | B | Exp(B) | |
| 性別 | −.334 | 0.716 | | .048 | 1.049 | |
| 00 年代世代 | .526 | 1.693 | * | −.428 | 0.652 | * |
| 私立 C ランク大学 | .557 | 1.746 | * | −.284 | 0.753 | |
| (基準) WWW・葉書・先輩 | | | | | | |
| 晩期・就職部経由 | .236 | 1.266 | | −.495 | 0.609 | |
| 晩期・就職部非経由・利用有 | 2.042 | 7.703 | ** | −.664 | 0.515 | * |
| 晩期・就職部非経由・利用無 | 2.040 | 7.693 | ** | −.590 | 0.554 | * |
| 縁故 | 1.457 | 4.292 | ** | −.652 | 0.521 | * |
| 定数 | −2.272 | 0.103 | ** | .799 | 2.224 | ** |
| −2 対数尤度 | 405.335 | | | 661.874 | | |
| Cox & Snell R 2 乗 | .117 | | | .038 | | |
| ケース数 | 390 | | | 492 | | |

** 1%水準で有意　* 5%水準で有意

$(e^{0.997})$、「企業規模一〜九九人」で一・七倍 $(e^{0.526})$ である。また、「希望通り」については逆に〇〇年代以前世代の方が〇〇年代世代よりもなりやすく、そのなりやすさは一・五倍 $(e^{0.428})$ である。これらのことから、近年になるほど大卒者の就職先の状況は悪くなっていて、間断が生じたり、非正規になったり、小企業への就職になったり、希望通りでない仕事への就職になったり、というようなことが生じやすくなっていることが伺える。なお、「企業規模一〜九九人」においては大学ランクとの間でも有意な関係が見られ、私立Cランク大学の方がそれ以外の大学よりも「企業規模一〜九九人」の企業への就職が生じやすく、そのなりやすさは一・七倍 $(e^{0.557})$ となっている。

表6-4からわかることの第二として、入職経路のダミー変数の効果がある。「間断あり」「非正規」「企業規模一〜九九人」「希望通り」のいずれに対しても、「晩期・就職部経由」は有意な効果が見られないのに対し、それ以外の「晩期・就職部非経由・利用有」「晩期・就職部非経由・利用無」では有意な効果が見られる。これはつまり、基準カテゴリーである「WWW・葉書・先輩」と「晩期・就職部経由」の間には有意な差がなく、それ以外の間には有意な差がある、ということを意味している。「間断あり」について見てみると、間断の生じやすさは「WWW・葉書・先輩」と「晩期・就職部経由」との間には有意な差がないが、「晩期・就職部非経由・利用有」は六・六倍 $(e^{1.885})$、「晩期・就職部非経由・利用無」は一〇・八倍 $(e^{2.381})$、「縁故」は四・一倍 $(e^{1.422})$、それぞれ「WWW・葉書・先輩」と比べると間断が生じやすい。「非正規」でも同様で、非正規のなりやすさは「WWW・葉書・先輩」と「晩期・就職部経由」との間には有意な差がないが、「晩期・就

職部非経由・利用有」は三・二倍（$e^{1.171}$）、「晩期・就職部非経由・利用無」は三・九倍（$e^{1.362}$）、それぞれ「ＷＷＷ・葉書・先輩」と比べると非正規になりやすい。ただし、「縁故」については非正規のなりやすさは「ＷＷＷ・葉書・先輩」との間に有意な違いが見られない。「企業規模一〜九九人」についても、「ＷＷＷ・葉書・先輩」と「晩期・就職部経由」との間には有意な差がないが、「晩期・就職部非経由・利用有」は七・七倍（$e^{2.042}$）、「晩期・就職部非経由・利用無」は七・七倍（$e^{2.040}$）、「縁故」は四・三倍（$e^{1.457}$）、それぞれ「ＷＷＷ・葉書・先輩」と比べると規模が一〜九九人の小さな企業への就職が生じやすい。また、「希望通り」でも「ＷＷＷ・葉書・先輩」と「晩期・就職部経由」との間には有意な差がない。表6-3では「ＷＷＷ・葉書・先輩」と「晩期・就職部経由」の間に差が存在するように見えたが、その差は有意なものとは言えないようである。そして、この「希望通り」においても「ＷＷＷ・葉書・先輩」と比べると「晩期・就職部非経由・利用有」は一・九倍（$e^{0.664}$）、「晩期・就職部非経由・利用無」は一・八倍（$e^{0.590}$）、「縁故」は一・九倍（$e^{0.652}$）、それぞれ希望通りでない企業への就職が生じやすい。

　まとめると、世代や大学ランクといった要因が、初職の仕事、そして初職が希望通りであったか否かという点に対して違いを生じさせているものの、それらの要因をコントロールしてもなお晩期における就職部経由の有利さは見ることができた。すなわち、性・世代・大学ランクといった条件によらず、晩期での就職は早期と比べて条件が劣る中、就職部経由だけは晩期であるにもかかわらず早期と同程度の良好な仕事にたどり着くことができるのである。

ただ、一点ここで確認をしておきたいのは、世代別に見たときの入職経路の効果の違いである。ここまでの分析で、初職の状況がとりわけ世代によって異なることが明らかになった。すなわち、大卒者全体としては〇〇年代世代の方が条件の悪い就職先に就いているということであった。このように大卒者全体の就職の状況が変化したときに、それに伴って入職経路の違いによる効果にも変化が生じたのだろうか。この点も確認しておくことにしよう。世代別に入職経路の効果の違いを見るためには、入職経路と世代との交互作用項を投入したモデル（モデルB）を検討する必要がある。

分析の結果は表6-5である。モデルAに交互作用項を追加投入したロジスティック回帰分析である。なお「間断あり」については、就職部を経由してかつ間断のあったサンプルが〇〇年代以前の世代で十分に確保できないため、分析を行わなかった。交互作用項に着目すると、「非正規」の「晩期・就職部非経由・利用無×世代」において一〇％水準で有意な効果があるものの、その他の交互作用項においては有意な効果を見ることができない。したがって、交互作用項を投入したモデルBを採用するのは適切ではなく、世代によって入職経路の効果に違いが生じているとは言えない。

## 6　初職に対する階層要因・大学生活の効果

次に第二の疑問、入職経路による違いは実は大学生活や出身階層など就職活動に先立つ諸要因で説明されてしまうのではないか、という点について検討しよう。

## 表 6-5　世代と就職部経由との交互作用項の検討

| | 非正規（モデル B-1） | | | 企業規模 1 ～ 99 人（モデル B-2） | | |
|---|---|---|---|---|---|---|
| | B | Exp(B) | | B | Exp(B) | |
| 性別 | −.242 | 0.785 | | −.356 | 0.700 | |
| 00 年代世代 | 2.141 | 8.507 | ** | .324 | 1.382 | |
| 私立 C ランク大学 | −.461 | 0.631 | | .571 | 1.771 | * |
| （基準）WWW・葉書・先輩 | | | | | | |
| 　晩期・就職部経由 | 1.058 | 2.881 | | −.184 | 0.832 | |
| 　晩期・就職部非経由・利用有 | 2.230 | 9.301 | ** | 1.880 | 6.552 | ** |
| 　晩期・就職部非経由・利用無 | 2.423 | 11.278 | ** | 1.680 | 5.365 | ** |
| 　縁故 | .890 | 2.436 | ** | 1.689 | 5.416 | ** |
| （00 年代世代との交互作用項） | | | | | | |
| 　晩期・就職部経由×世代 | −1.568 | 0.208 | | .859 | 2.361 | |
| 　晩期・就職部非経由・利用有×世代 | −1.512 | 0.220 | | .316 | 1.371 | |
| 　晩期・就職部非経由・利用無×世代 | −1.709 | 0.181 | + | 1.002 | 2.725 | |
| 　縁故×世代 | −.340 | 0.712 | | −1.547 | 0.213 | |
| 定数 | −3.466 | 0.031 | | −2.159 | 0.115 | ** |
| −2 対数尤度 | 303.033 | | | 397.318 | | |
| Cox & Snell R 2 乗 | .076 | | | .194 | | |
| ケース数 | 432 | | | 390 | | |

** 1%水準で有意　* 5%水準で有意　+ 10%水準で有意

| | 希望通り（モデル B-3） | | |
|---|---|---|---|
| | B | Exp(B) | |
| 性別 | .050 | 1.051 | |
| 00 年代世代 | −.376 | 0.686 | |
| 私立 C ランク大学 | −.287 | 0.751 | |
| （基準）WWW・葉書・先輩 | | | |
| 　晩期・就職部経由 | −.407 | 0.666 | |
| 　晩期・就職部非経由・利用有 | −.771 | 0.463 | * |
| 　晩期・就職部非経由・利用無 | −.579 | 0.560 | + |
| 　縁故 | −.452 | 0.636 | |
| （00 年代世代との交互作用項） | | | |
| 　晩期・就職部経由×世代 | −.221 | 0.802 | |
| 　晩期・就職部非経由・利用有×世代 | .233 | 1.262 | |
| 　晩期・就職部非経由・利用無×世代 | .000 | 1.000 | |
| 　縁故×世代 | −.724 | 0.485 | |
| 定数 | .773 | 2.166 | ** |
| −2 対数尤度 | 659.926 | | |
| Cox & Snell R 2 乗 | .041 | | |
| ケース数 | 492 | | |

** 1%水準で有意　* 5%水準で有意　+ 10%水準で有意

表6－6は、入職経路に関するダミー変数とともに階層要因と大学生活に関する変数を投入したロジスティック回帰分析（モデルC）の結果である。前節で用いた性・世代・大学ランクの変数も引き続きモデルに含めている。また、「間断あり」については十分なサンプルが確保できなかったため分析を行っていない。

この表からわかるのは以下の二点である。第一に、階層要因・大学生活の変数は、部分的に効果が見られるが、全体的には明確な傾向を示していない。「大学第一世代」については有意水準を一〇％まで許すならば「非正規」においてのみ効果が見られる。「大学成績」については「希望通り」においてのみ効果が見られる。これは、成績優の割合が八割以上だった学生の方が八割未満だった学生と比べて一・八倍（$e^{0.582}$）希望通りの初職になりやすい、ということである。だが、「授業講義出席率」については、いずれの被説明変数においても有意な効果が見られない。「部サークル」については「企業規模一～九九人」で有意な効果が見られ、部サークル活動に熱心でなかった人の方が熱心だった人よりも一・七倍（$e^{0.551}$）「企業規模一～九九人」への就職になりやすいことを示している。アルバイトについては、有意水準を一〇％まで許すならば「企業規模一～九九人」においてのみ効果が見られる。このように、有意な効果があるものも散見されるが、どの被説明変数に対しても一貫して効果を持つような階層要因・大学生活の変数は存在せず、表6－6に示した分析結果から階層要因・大学生活が初職の状況を左右する要因であると結論づけることは難しいであろう。

## 表 6-6　階層要因・大学生活の変数を投入した分析

| | 非正規（モデル C-1） | | | 企業規模 1 ～ 99 人（モデル C-2） | | |
|---|---|---|---|---|---|---|
| | B | Exp(B) | | B | Exp(B) | |
| 性別 | −.638 | 0.529 | + | −.052 | 0.950 | |
| 00 年代世代 | .985 | 2.677 | ** | .572 | 1.771 | * |
| 私立 C ランク大学 | −.096 | 0.908 | | .468 | 1.597 | + |
| (基準) WWW・葉書・先輩 | | | | | | |
| 　晩期・就職部経由 | .046 | 1.048 | | .244 | 1.276 | |
| 　晩期・就職部非経由・利用有 | 1.305 | 3.688 | ** | 2.166 | 8.725 | ** |
| 　晩期・就職部非経由・利用無 | 1.092 | 2.981 | * | 1.987 | 7.295 | ** |
| 　縁故 | .402 | 1.495 | | 1.303 | 3.681 | ** |
| 大学第一世代 | −.595 | 0.552 | + | .414 | 1.514 | |
| 大学成績 | −.694 | 0.499 | | .084 | 1.087 | |
| 授業講義出席率 | −.361 | 0.697 | | .360 | 1.433 | |
| 部サークル | −.442 | 0.642 | | −.551 | 0.576 | * |
| アルバイト | −.141 | 0.869 | | −.499 | 0.607 | + |
| 定数 | −1.805 | 0.164 | ** | −2.190 | 0.112 | ** |
| −2 対数尤度 | 273.813 | | | 365.412 | | |
| Cox & Snell R 2 乗 | .085 | | | .206 | | |
| ケース数 | 402 | | | 364 | | |

** 1%水準で有意　* 5%水準で有意　+ 10%水準で有意

| | 希望通り（モデル C-3） | | |
|---|---|---|---|
| | B | Exp(B) | |
| 性別 | .226 | 1.254 | |
| 00 年代世代 | −.494 | 0.610 | * |
| 私立 C ランク大学 | −.251 | 0.778 | |
| (基準) WWW・葉書・先輩 | | | |
| 　晩期・就職部経由 | −.428 | 0.652 | |
| 　晩期・就職部非経由・利用有 | −.689 | 0.502 | * |
| 　晩期・就職部非経由・利用無 | −.567 | 0.567 | + |
| 　縁故 | −.436 | 0.647 | |
| 大学第一世代 | −.300 | 0.741 | |
| 大学成績 | .582 | 1.789 | * |
| 授業講義出席率 | −.195 | 0.822 | |
| 部サークル | .189 | 1.209 | |
| アルバイト | .170 | 1.185 | |
| 定数 | .584 | 1.792 | + |
| −2 対数尤度 | 607.667 | | |
| Cox & Snell R 2 乗 | .058 | | |
| ケース数 | 459 | | |

* 5%水準で有意　+ 10%水準で有意

一方、この表6－6からわかる第二の点として、入職経路の変数が引き続きどの被説明変数に対しても一貫した傾向を見せている、ということがあげられる。すなわち、階層要因・大学生活に関する変数を投入してもなお、晩期における就職部経由有利の状況は変わっていない。「非正規」「企業規模一～九九人」「希望通り」のいずれにおいても「晩期・就職部経由」は有意な効果を示しておらず、「WWW・葉書・先輩」と変わらない水準であることがわかる。それに対し、「晩期・就職部非経由・利用有」「晩期・就職部非経由・利用無」では有意な効果を示しているので、「晩期・就職部非経由・利用有」「晩期・就職部非経由・利用無」は「WWW・葉書・先輩」と比べて非正規になりやすく、「企業規模一～九九人」への就職になりやすく、希望通りでない就職になりやすい。

以上をまとめると、初職の状況は大学生活や出身階層など就職活動に先立つ諸要因ではほとんど説明できない一方で、それらの要因をコントロールしてもなお入職経路による初職の状況の違いは明確に存在する、ということになる。晩期における就職部経由有利の状況は、非常に明確に見ることができる。

さらに関連して、もう一点確認をしておきたい。それは、初職に対する大学生活の効果が、大学就職部を経由した場合とそうでない場合で異なるのではないか、という点である。

具体例をあげながら説明しよう。仮に、成績のよい学生の方がそうでない学生よりも良好な条件の初職に就きやすいというような関係が、大学就職部を経由した場合には見られ、経由しなかった場合には見られなかったとする。大学就職部を経由しなければ起きないことが経由した際には生じているのだから、このような結果が生じたのは就職部を経由する際に何かがあったから、と考えるのが合理的である。換言すれば、大学就職部が斡旋を行う際に、成績の良い学生を良好な条件の初職に斡旋しているからこそ、就職部を経由したときにのみ成績と初職の状況との関連性が生じるのである。つまり、初職に対する大学生活の効果が大学就職部を経由した場合とそうでない場合で異なるかどうかを検討するのは、就職部が斡旋のプロセスで大学生活の諸要因を基準として割り振りをしているのかどうかを問うことに他ならない。

これまでたびたび高校の就職指導を合わせ鏡にして大学の就職指導を見てきたが、高校の就職指導においては成績による生徒の割り振りが行われていることが明らかになっている。すなわち、生活面である課外活動への参加は振り分けの基準とはならない一方で、学業成績が生徒の振り分けの際に重要な基準となっている（苅谷 1991）。高校の就職指導に見られるこのような状況が、大学での就職斡旋においても見られるのか否か。表6－6の分析では大学生活に関する変数と初職の状況との間には一貫した関連性を見ることができなかったが、これは大卒者全体の傾向を見たものであり、就職部経由の有無による効果の違いを見るためには、大学生活と就職部経由との交互作用項を投入したモデル（モデルD）を新たに検討する必要がある。

分析の結果は表6－7に示した。これは、モデルCに交互作用項を追加投入したロジスティック回帰分析である。なお、このモデルの分析においては、「間断あり」と「非正規」について分析を行わなかった。これは、就職部経由で間断ありのサンプル、また就職部経由で非正規のサンプルが

表 6-7　大学生活と就職部経由との交互作用項の検討

| | 企業規模 1 ～ 99 人 (モデル D-1) | | | 希望通り (モデル D-2) | | |
|---|---|---|---|---|---|---|
| | B | Exp(B) | | B | Exp(B) | |
| 性別 | .002 | 1.002 | | 217 | 1,242 | |
| 00 年代世代 | .539 | 1.714 | + | −.506 | 0.603 | * |
| 私立 C ランク大学 | .428 | 1.533 | | −.246 | 0.782 | |
| (基準) WWW・薬書・先輩 | | | | | | |
| 晩期・就職部経由 | 1.515 | 4.549 | + | −1.155 | 0.315 | + |
| 晩期・就職部非経由・利用有 | 2.180 | 8.848 | ** | −.691 | 0.501 | * |
| 晩期・就職部非経由・利用無 | 2.001 | 7.396 | ** | −.587 | 0.556 | * |
| 縁故 | 1.296 | 3.654 | ** | −.465 | 0.628 | |
| 大学第一世代 | .459 | 1.582 | + | −.345 | 0.708 | + |
| 大学成績 | .061 | 1.063 | | .470 | 1.600 | |
| 授業講義出席率 | .508 | 1.663 | + | −.219 | 0.803 | |
| 部サークル | −.429 | 0.651 | | 0.68 | 1.071 | |
| アルバイト | −.538 | 0.584 | + | .190 | 1.209 | |
| (晩期・就職部経由との交互作用項) | | | | | | |
| 大学成績×経由 | .894 | 2.445 | | .400 | 1.492 | |
| 授業講義出席率×経由 | −1.743 | 0.175 | | .301 | 1.351 | |
| 部サークル×経由 | −1.392 | 0.249 | | −.934 | 2.545 | |
| 定数 | −2.303 | 0.100 | ** | .686 | 1.986 | + |
| −2 対数尤度 | 361.191 | | | 604.520 | | |
| Cox & Snell R 2 乗 | .215 | | | .064 | | |
| ケース数 | 364 | | | 459 | | |

** 1%水準で有意　* 5%水準で有意　+ 10%水準で有意

十分確保できないためである。したがって、「企業規模一～九九人」と「希望通り」のみの分析となっている。

交互作用項に着目すると、「企業規模一～九九人」「希望通り」のいずれにおいても交互作用項は有意な効果を持っていない。したがってモデルDを採用するのは適切ではなく、就職部経由の有無によって大学生活の要因の効果が変わるとは言えないのである。このことは、大学就職部を経由した際においても、大学生活の要因によって「企業規模一～九九人」や「希望通り」のなりやすさが左右されないことを意味している。おそらくは、第三章で見たように、大学就職部の斡旋において成績や出席状況や課外活動への参加といった大学生活の諸側面は学生振り分けの基準にはなっていないのであろう。この点は、高校の就職指導とは大きな相違点として注目して良い。

## 7　学生の選抜を行わない大学就職部

本章で明らかになったことをまとめよう。以下の四点である。

第一に、入職経路別に初職の特徴を見ると、概して早期よりも晩期の方で条件が悪い。「間断あり」「非正規」「企業規模一～九九人」になる割合と「希望通り」にならない割合は晩期の方が高い。

第二に、就職部「経由」、すなわち大学就職部による斡旋を受けた場合、晩期における他の入職経路よりも条件の良い初職に到達しており、それは「WWW・葉書・先輩」に匹敵する。これは、たとえ晩期であっても大学就職部の斡旋によって就職した場合は悪条件から免れることができる、ということを意味する。

第三に、上記の関係はさまざまな条件をコントロールしてもなお見ることができる。さまざまな条件とは、性・世代といった属性や、大学ランク・大学の成績・大学生活の過ごし方といった就職活動に先立つ諸要因である。また、バブル崩壊後市場の状況が悪化したあとに就職した〇〇年代世代とそれ以前の世代とで入職経路の効果が異なるかどうかを交互作用項を投入することで確認したところ、そのようなことはなかった。

第四に、大学の成績や大学生活の過ごし方が初職の特徴に及ぼす効果は、就職部「経由」の有無によって異ならない。この結果は、大学就職部が大学の成績や大学生活の過ごし方を基準として斡旋先の企業を変えているという「学生の選抜」疑惑を否定するものである。

これらの結果から、本章の冒頭で述べた二つの関心に対しては次のような解答を与えることができる。第一の関心、すなわち大学就職部による斡旋を受けたときの初職の特徴であるが、これは、早期に就職先を決めたことを意味する「WWW・薬書・先輩」で就職した場合に匹敵するほど良好な初職に到達できるということであった。第二の関心、すなわち大学就職部が斡旋先を決めるにあたって大学の成績や大学生活の過ごし方などを基準にした何らかの選抜を行っているのかという問題については、行っていないということであった。

本章の分析結果は、第三章で見た就職部職員のインタビュー結果とも整合的な結果である。高校における学内選抜と違って、大学就職部による斡旋は「学生の選抜」を伴わない。それは、斡旋を受ける機会のみならず、斡旋先の条件においても、大学の成績や大学生活の過ごし方によらず開かれて存在している。このこと自体の意味も大きいが、こうした「学生の無選抜」が「企業の選抜」と同時に成立し、かつ斡旋が晩期において行われるという第二章の知見ともあわせて総合的に判断すると、大学就職部の斡旋が持っている役割――結論を先取りすればセーフティネットとしての役割を見出すことができるのである。さらに詳しい議論は、終章で行うことにしたい。

## 注

(1)ここに示した五つのカテゴリーは、表5-3に示した調査票の選択肢とは異なっているが、表5-3の選択肢から五つのカテゴリーにどのようにリコードされたのかについては詳しい説明がなされていない。

(2)ここで初職選択行動というのは、厳密には入職経路のことではない。入職経路のみならず就職活動の進め方に関する変数も投入して主成分分析を行った結果得られたものを初職選択行動と名付けている。

(3)ここで取り上げられているのは調査時点での職についてであり、したがって厳密に言えば初職ではなく現職を問うていることになる。しかしながら、卒業後二ヶ月間に離職した人はわずかであることが別の箇所で示されており、現職についての分析とはいえ、初職についての分析とほぼ同等とみなしても差し支えない。

(4)小杉（2007）は典型雇用と述べているが、正確には三年後も典型雇用であることを予測している人、ということになるだろう。同様に非典型雇用も、三年後に非典型雇用であることを予測している人、となるはずである。現在が典型雇用・非典型雇用であることと三年後に想定している働き方との間には隔たりがあるので同一のものとして扱って良いか疑問は残るが、ここでは小杉が行っている読み替えどおりにレビューしている。

（5）ＪＩＬ１９９３年調査・追跡調査の分析においても、「大学教育と大卒者の就職・キャリアの関連は近年までは「学歴・学校歴」の問題として議論されることが多く、大学の入学偏差値序列と就職先企業の規模との対応や昇進との関係が関心の対象であった」という紹介がなされている（日本労働研究機構 1999）。

（6）「有利度」というのは、「大学名が就職時有利に働いた」という質問への回答をもとに作られた分類で、「入試等での偏差値その他、大学の歴史・伝統などと高い相関を持つことは否定できない」指標であると説明されている（吉本 1995）。

# 終　章　セーフティネットとしての大学就職部

本章では、これまでの分析で得られた知見をまとめて、本書が「学校から職業へのトランジッション研究」にどのような貢献をなしているのか、また、本書の知見を踏まえると「大学就職部にできること」としてどのような示唆が得られるのかについて議論を行いたい。

## 1　分析の結果の整理

ここまでの分析で得られた知見をまとめると以下のようになる。

（1）大学生の就職活動シーズンは早期と晩期に分けることができる。（第二章）

早期を特徴づけるのは、そこで行われる就職・採用活動の形態である。すなわち、インターネットの普及前においては資料請求ハガキの投函やＯＢＯＧ・リクルーターによる接触が、インターネットの普及後はＷＷＷ等を通じたエントリーが、それぞれ活動開始のきっかけとなり、学生と企業が直接交渉することでプロセスが進行するような就職・採用活動である。こうした形態での就職・採用活動が一段落したあとに、晩期が始まる。新規大卒労働市場が早期と晩期から成り立つという状況は、「自由応募制」が普及した一九八〇年代以降現在に至るまで、一貫して見ることができる。

（2）大学就職部は、晩期になると就職斡旋も行うようになる。（第二章）

大学就職部の業務は、早期においてはガイダンスである。具体的には、学生向けに説明会を開催して就職活動の流れや自己分析や業界研究の仕方を指導したり、企業情報を整理して提供したり、あるいは前年度以前のものも含めて求人票を閲覧に供することも行っている。その他にも適性検査を実施したり、個別の進路相談に応じたり、模擬面接やエントリーシートの添削なども行っている。こうした業務に加えて、晩期になって大学就職部が新たに行うようになるのが斡旋であり、大学にくる求人を学生に紹介する業務も行うようになる。

（3）大学就職部は、就職斡旋の際に条件の良い企業を選んで紹介しようとする。（第三章）

大学にやってくる求人は多数あるが、学生に対してそのすべてを無差別に機械的に紹介しているわけではない。就職部職員にとってできれば紹介したくない企業、あえてお薦めしない企業というのが存在し、そのような企業への斡旋は避ける。また、求人開拓をする際にも、「良好な求人の職」を選ぶことも行う。言わば、「企業の選抜」を行って、学生に対しては選択肢を限定するかたちで企業からの求人を紹介する。

（4）大学就職部の活動動機には、教育的配慮と大学経営上の戦略とが含まれる。（第三章）

大学就職部職員は、しばしば学生を「子供」と呼ぶなど、成年でありながら保護すべき対象とみなすことがあり、この点は高卒就職において高校生が教育的配慮のもと保護されるのと同じような現象が起きている。そして、そのような教育的配慮が大学就職部の活動動機になっている側面がある。ただ、大学就職部の活動動機はそれだけではなく、高校生、高校教員、保護者などからの要望に応じた行動をとる必要にも迫られている。就職実績を上げる、就職支援のプログラムを充実させるなどの要望に応える必要があり、この点では学生集めという大学経営上の問題が就職部の活動動機になっている。

（5）大学就職部が提供するサービスを利用する機会は、すべての学生に開かれている。（第四章）

大学就職部が提供するサービスを利用するか否かは、基本的には学生の自由な選択に委ねられている。一見自由に見えてもその背後には機会の偏在があるのではないかという観点から、誰が就職部のサービスを利用するかという分析を行ったところ、階層要因（大学第一世代か否か）や大学の成績（優が八割以上か否か）、大学生活の過ごし方のうち在学中の部・サークル活動やアルバイトの熱心さについては利用の有無に影響を及ぼしていなかった。一方、大学講義出席率八割以上かどうかについては、利用の有無に影響を及ぼしていた。これは、講義出席のために頻繁に大学に来る学生ほど、就職部からの告知が目にとまる機会が多く、そのためよく利用するようになるのではないかと考えられる。

（6）早期で内定が決まるか晩期にずれ込むかは、大学ランクによるところが大きい。（第五章）

大学就職部の斡旋が行われる晩期に就職活動をするのはどういった特徴を持った学生が多いのかという観点から分析を行ったところ、早期で内定を獲得することなく晩期において就職活動を行う事態になりやすいのは、大学ランク別に見てみると、ランクの低い大学に在籍していた学生の方であった。その一方で、階層要因や大学の成績や大学生活の過ごし方はなりやすさに影響を及ぼしていなかった。一般的には、大学の成績が良かったり、あるいは部・サークル活動を熱心にやっていた学生ほど企業から高く評価され早く内定が決まるかのように思われるが、実際はそのようなことはなかった。

（7）大学就職部の斡旋を受ける機会は、開かれている。（第五章）

晩期において「就職部の斡旋を受けた人」と「就職部を利用はしたが斡旋は受けなかった人」とを比較したところ、そのどちらになるかについては、階層要因や大学の成績や大学生活の過ごし方による影響を受けていなかった。このことは、大学就職部が階層要因はもちろんのこと、大学の成績や大学生活の過ごし方によって斡旋を受ける機会を閉ざすことはない、ということを意味している。

（8）良好な条件の職へは早期の方がたどり着ける可能性が高く、晩期ではむしろ条件の良くない職にたどり着く可能性が高い。（第三章および第六章）

早期に採用活動を行うのはいわゆる有名企業で、晩期に採用活動を行うのはあまり名が知られていない企業が多い、ということがインタビュー調査を用いた第三章の分析で明らかになった。他方、社研パネル調査を使った第六章の分析においても、早期で就職する方が「間断のない就職」「正規職」「非小企業（企業規模が一〇〇人以上）」になりやすいことがわかった。ここにあげた指標が条件の良し悪しを示すものだとしたら、早期の方が良好な条件の職にたどり着きやすく、晩期では逆にたどり着きにくい。

（9）大学就職部の斡旋を受けた場合、晩期であるにもかかわらず、良好な条件の職にたどり着きやすくなる。（第六章）

「早期に就職を決めた場合」と「大学就職部による斡旋を受けた場合」では、「間断のない就職」「正規職」「非小企業（企業規模が一〇〇人以上）」のなりやすさに違いが見られなかった。この関係は、階層要因や大学の成績や大学生活の過ごし方をコントロールしてもなお見ることができた。このことは、大学就職部による斡旋が条件の良くない職にたどり着く可能性の高い晩期において行われるにもかかわらず、早期と遜色のない良好な条件の求人を提供しているということを意味する。

（10）大学就職部による斡旋先が、大学の成績や大学生活の過ごし方によって変わるということはない。（第六章）

大学就職部が、大学の成績や大学生活の過ごし方によって斡旋先を変えていることはない。すなわち、現在の大学就職部が行っている就職斡旋では「学生の選抜」を行っていない。

## 2　大学は教育機関であり斡旋機関でもある

私が専攻している教育社会学という学問分野では、本書が扱うテーマの研究は「学校から職業へのトランジッション研究」に分類される。トランジッション＝移行とは、人が学校を出て社会で働くようになる過程を指している。本書がこの「学校から職業へのトランジッション研究」に対してどういう点で貢献できているのかについて、最後にまとめておきたい。三点あると考えている。

第一の貢献は、学校が斡旋機関として果たしている役割の解明を行った点だ。近年の「学校から職業へのトランジッション研究」は、学校を教育機関として捉える見方がきわめて強い。もちろん、学校は教育機関なのだから、そうした見方自体は間違っていない。しかし、教育機関であるという通り一遍の見方からは、学校で何をどのように教えるかという教育の内容・方法にどうしても関心が向けられがちだ。ただ、どんなに良い教育内容・方法を開発して、学生・生徒がそれを十分習得したとしても、内定を必ずもらえるとは限らない。また、教育内容を十分に学生・生徒が理解しなかったからといって、その人が就職せずに済むわけではない。生きていくためには、その人の能力で十分対応可能な仕事に就くことが必要であろう。就職の問題を、学生に何を教えるかという教育の面だけから考えていては不十分な理由がここにある。いかに良い教育をするかだけではなく、求人と求職がどうしたら出会えるのかという斡旋の面も考えなければならない。

このように論じると、教育の問題と斡旋の問題は別なのだから、教育機関がわざわざ斡旋をしなくても良いではないかという意見が出てくる。学校が斡旋を行うことのデメリット、すなわち高卒就職のように学校が採用試験の一次選抜を行ってしまうことで生徒の受験する自由を奪ってしまうことについて批判する人は、学校が斡旋を行うことに強く反対するかもしれない。確かにそういった「罪」の部分が存在することを否定はしないが、しかしだからといって学校から斡旋をなくしてしまって良いということにはならないと思う。「功」の部分にも目を向けるべきだと私は思っている。「功」とは、学校が行うことで、就職斡旋に教育の論理が持ち込みやすくなるという点だ。一般の労働者と違って、初めて社会に出る学校卒業者は社会経験が未熟であるので、それなりに保護をされる必要がある。本書で見てきたような「企業の選抜」は、学生や生徒がまともな仕事に就くことができるようにするための、学校という教育機関が行う教育の論理に則った斡旋の営みの一例である。

学校が行う就職斡旋において特別な配慮が行われることは、就職斡旋についてルールを定めている法律である職業安定法にもきちんと書かれていることだ。本書で言うところの就職斡旋は、職業安定法では「職業紹介」と呼ばれているが、法律には職業紹介一般に適用されるルールとは別に学校卒業者にのみ適用されるルールが定められている。学校卒業者と一般との間でルールが大きく違うのは、求人・求職の申込受付をどうするかという点である。一般の場合は、法第五条の五（求人）と法第五条の六（求職）で、その内容が法令に違反しない限りすべて受理しなければならないとされている。(1)これに対し学校卒業者の場合は、求人開拓については「学生生徒等に対して紹介することが適当と認められるできる限り多くの求人を開拓」するように定められており（法第二十六条第一項）、求人・求職の申込については「学校の教育課程に適切でない職業に関する求人又は求職の申込みを受理しないことができる」と定められている（法第二十七条第三項）。「適当」や「適切」という言葉が使われていることからもわかるように、学校卒業者には一般の労働者とは異なる配慮、おそらくそれは保護やある種の教育の論理につながるものであると思われるが、そういったものがなされることが想定されているのである。

「学校から職業へのトランジッション研究」に対する本書の第二の貢献は、大卒就職における斡旋の問題を取り扱っているという点だ。大学生の就職活動は自由応募制のもとで行われていて、多くの場合、学生は企業に直接求人申込を行っている。つまり、求人と求職の間を媒介するような斡旋が存在していないように見える。確かにそのとおりの側面もあるのだけれども、実は斡旋が全くないのではなく、時期と場所を限定して今でも行われていて、それが重要な意味を持っているというのが本書の知見である。大卒就職において求人と求職を結びつける制度を取り扱った研究は、「学校から職業へのトランジッション研究」においては、苅谷ら（苅谷ほか 1992；苅谷編 1995）のOBOG・リクルーター研究以降、存在していない。

求人と求職を結びつけているものは何か、という問いがすっかり忘れ去られた背景には、先ほども述べたような、大学＝教育機関という見方が強まったことがあると思われる。それを象徴しているのが、大学就職部という組織名称の変更の問題である。多くの大学で二〇〇〇年代に入ってから、大学就職部という名称に代わってキャリアセンターのような「キャリア」を冠した名前を使用することが多くなった。学生が自らキャリアを設計できる力を持つことが重要とされ、そうした力を身につけさせる指導や支援を行う場としてキャリアセンターは期待された。その一方で、大学就職部が行ってきた就職斡旋が大きく注目されることはなかった。そうした世間の風潮を受けてか、「学校から職業へのトランジッション研究」でも大学就職部の果たしてきた斡旋機能が研究対象として注目されることはなかった。本書の知見は、労働市場において求人と求職を結びつけている制度に着目するというアプローチが、「学校から職業へのトランジッション研究」において今なお有効であることを示すものである。

## 3　選抜の双方向性

第三の貢献としては、高校と大学に共通な新規学卒労働市場における学校の役割を理論的に整理し直す枠組みを提起したという点である。従来、いくつかの研究において、日本の新規学卒労働市場には学校という制度が深く関与しているという議論が行われてきた。そこでは求人と求職、すなわち企業と生徒との間に学校が介入し、両者のマッチングの過程に深く関わってきた姿が描かれてきた。このモデルの特徴は、求人側と求職側が自由な労働市場の中で出会うという見方ではなく、二つのアクターを媒介させる学校という制度・組織の存在があり、学校と企業という組織間の信頼関係のもとに形成される継続的な結びつき（リンケージ）に基づいて仕事と個人のマッチングが行われるという見方を取っているところにある。

ただ、新規学卒労働市場に対する学校の関与に関するこれまでの研究では、主に高校を分析対象として高卒者の新規学卒労働市場における学校の役割を論じてきた。その一方で、大卒者の新規学卒労働市場における大学の役割については十分に注意が払われてこなかった。このため、これまでの研究が、大卒者を含めた新規学卒労働市場における学校の役割を十分に描ききってきたとは言えない。これに対し本書では、大卒者の就職に着目することにより、大卒者の新規学卒労働市場において大学、特に大学就職部が、仕事と個人のマッチングの過程にどのように介在してきたのかを描いてきた。その際、高校で行われてきた「学校による職業斡旋」と対比させながら大学就職部の果たしている役割を見ることで、両者の相違点がいっそう明確になり、学校という制度が新規学卒労働市場においてジョブマッチングのメカニズムに果たす役割をより一般的な形で捉えることが可能になった。

本書の分析結果から、新規学卒労働市場における学校の役割の理論的位置づけを発展させる新たな二つの視点を導入することができる。第一の視点は、「学校による就職斡旋」は「学生（求職側）の選抜」と「企業（求人側）の選抜」の二つの選抜から構成されることを明示的に位置づけた点である（図終-1）。[2]

これまでの高校を対象とした分析では、「学生の選抜」と「企業の選抜」を明確に区別してきたとは言いがたい。どちらかと言えば、「学校による就職斡旋」として注目してきたのは「学生の選抜」の方であった。苅谷（1991）が明らかにした高卒就職における「実績関係モデル」がその典型例だが、そこで描かれたのは生徒の採用選抜が企業から学校に委ねられ、学校において一人一社の原則に基づく学内選考により生徒の選抜が行われる様子であった。[3]つまり、このモデルのポイント

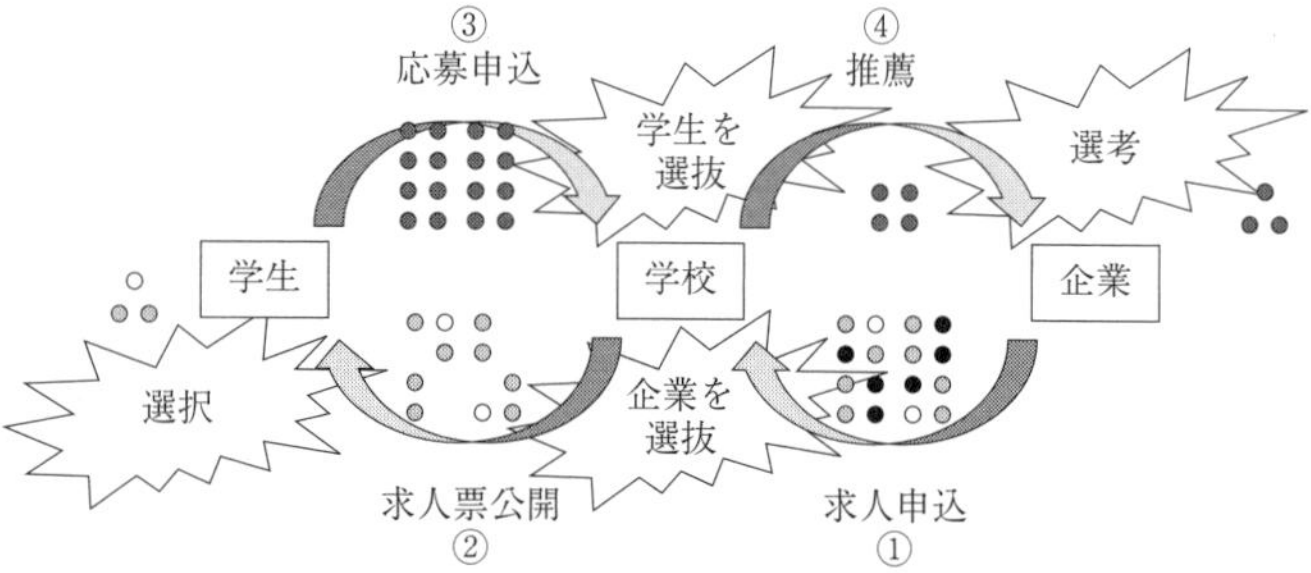


図終-1　学校による就職斡旋における２つの選抜

は、企業と学校との継続的な取引関係の下、職業選抜が学校に委ねられ、委ねられた選抜は教育的配慮に従い行われるという点である。そこでは、「学生の選抜」に主眼が置かれ、「企業の選抜」という視点は欠落していた。あえて言えば、「企業の選抜」はこのモデルの暗黙の前提となっていたと言っても良いのかもしれない。というのも、高校は求人票が届くすべての企業と「実績関係」を結んでいるわけではない。「実績関係」を結び維持していく際には、企業規模、知名度、評判、事業所の場所、職場環境などさまざまな要因を考慮しながら、継続的に卒業生を送り込むのに相応しい企業であるかを判断していると考えられる。何らかの求人企業のスクリーニングを高校が事前に行っていると考えるのが妥当であろう[4]。

大卒者の就職に目を転じてみよう。第五章で明らかにしたように、大学就職部は斡旋の際に「学生の選抜」を行わない[5]。したがって、「学生の選抜」という点にだけ着目した場合、大学就職部による斡旋が「学校による就職斡旋」としてどのような特徴を有しているのか、明確に説明できない。大学就職部による斡旋は、「学生の選抜」ではなく「企業の選抜」に力点が置かれている。数ある企業の中から、大学就職部の目から見て優良だと思われる求人を学生に紹介することを重視しているのである。

このことの意味を理論的に整理すると以下のようになるだろう。学校という制度が企業と学生・生徒のマッチングに関わる場合、求人側と求職側の双方の選抜がありうる。大学就職部の関わり方は、明らかに求人側の選抜、すなわち「企業の選抜」に力点があるのに対し、高校においては求職側の選抜、すなわち「学生の選抜」が主眼であって、「企業の選抜」は暗黙の前提となっている。このように「学生の選抜」と「企業の選抜」という二つのプロセスが学校の担うマッチングに潜んでいることを明らかにすることは、高校と大学という二つの制度が果たしてきた役割の対比を明確にするだけでなく、より一般的な求人側と求職側のマッチングに関する理論に新しい視点をもたらす可能性をも有している。

新たに導入した第二の視点は、新規学卒労働市場には時間の経過に伴って異なる場が存在しているとした点である。本書では、「早期」と「晩期」の二つの場に分けて議論を行った。これまでの議論では、時間という観点が欠落していたが、これだと早期には行われず晩期において行われる大学就職部の斡旋がよく理解できないし、晩期という場が持ついくつかの特徴が斡旋に対して及ぼす影響も理解することができない。

つまり、二つの場を区別することの意義は、学校がジョブマッチングに介在する役割が場において異なることを示すことができる点である。この視点は、後述するように高校の職業斡旋を考える際にも、有効な枠組みであることが示される。さらにこの第二の視点のインプリケーションとして、求人と求職のマッチングは静態的に捉えるべきではなく、動態的な形で時間とともに変化する可能性を含めて捉える必要がある点を示唆しており、一般的なマッチングに関する理論に対しても大きく貢献する視座であると言える。

以上のような理論的に新しい視点を導入して観察をすることで、大学就職部の斡旋が大卒就職において果たしている役割をはじめて明確にすることができ、また理論的にも整合的に理解することが可能になる。(6)

## 4 大学就職部における「企業の選抜」

第一章で先行研究を振り返った際に述べたように、新規大卒労働市場における制度の問題は、OB・OG・リクルーターで研究が止まったままと言っても過言ではない。大卒就職は「自由応募制」で、学生の採用選抜は大学が介在することなく企業自身が行う。また、大学就職部を経由する学生というのは少数派である。「学校推薦は少なくなった」という就職部職員の言葉を第三章で紹介したが、大学による斡旋はあったとしてもそれは学生の選抜を伴わないものであるらしい。このような状況もあって、大学就職部がどのような斡旋をしているかについては研究の対象として取り上げられすらしなくなった。

確かに、本書の分析でも大学就職部は斡旋に際して学生の選抜を行っていないという結果が出た。この結果を見る限りにおいては、大学就職部による就職斡旋は紛れもなく学校が行う就職斡旋であるのに、学校が果たしている役割といえば学生の名前を企業に伝えるだけのただの連絡係に過ぎないようにも見える。

しかし、こうした見方は間違いである。第三章で明らかにしたように、大学は受け付けた求人を単に機械的に学生に見せているだけではない。「企業の選抜」というメカニズムが作動して、条件の良好な求人を選び出して学生に提示している。大学の果たしている役割は、まさにここに存在する。一般の職安にはできない「企業の選抜」を大学就職部がなしえるのは、「教育」という大義名分があるからと言って良いだろう。

以上の議論を整理するために、表終－1を作成した。学校は、○となっている箇所では選抜を行い、×となっている箇所では選抜を行わない。学校の介在しない自由な労働市場において職安が行う一般的な職業斡旋においては、求人求職のどちらに対しても選抜を行うことはない。したがって、どちらも×になっている。高卒就職においては、学生（生徒）の選抜を行った上で企業に推薦を行っているので、「学生（求職側）の選抜」は○になっている。また、企業の選抜も、前述したように、高校においても行われていると考えるのが妥当である。つまり、高校は高校にくる求人をすべて無差別に機械的に生徒に紹介しているのではなく、何らかの（特に過去の就職実績などに鑑みて）スクリーニングを行った上で生徒に提示していると考えられるのである。

表終-1　斡旋の過程における選抜の有無

| | 学生（求職側）の選抜 | 企業（求人側）の選抜 |
| --- | --- | --- |
| 高卒就職 | ○ | ○ |
| 大卒就職 | × | ○ |
| 一般的な就職斡旋（学校非介在） | × | × |

これに対し、大卒就職においては、第五章で明らかにしたように「学生の選抜」を行っていないので×となっており、第三章と第六章で明らかにしてきたように「企業の選抜」を行っているので○となっている。

## 5　晩期に行われる大学就職部の斡旋

では、これまでの研究で、大学就職部の斡旋が果たしていることのような役割に気づかなかった理由はどこにあるのだろうか。また、高校では行う「学生の選抜」をなぜ大学では行わないのだろうか。

これらの疑問に答えるためには、時間という観点を導入する必要がある。大卒労働市場は、求人と求職の調整の動きが始まって均衡に達するまで、一年以上もの時間がある。この一年間に市場に発生する調整の動きは、単一の仕組みによっているとは限らない。大卒労働市場に即して具体的に言えば、早期というのは「WWW・葉書・先輩」によって活動が始まるプロセスで、晩期は早期が一段落したあとに行われるのであった。早期は「自由応募制」という言葉

表終-2 「学校による就職斡旋」の過程における選抜の有無（早期・晩期）

| | 早期 | | 晩期 | |
|---|---|---|---|---|
| | 学生の選抜 | 企業の選抜 | 学生の選抜 | 企業の選抜 |
| 高卒就職 | ○ | ○ | ○→× | ○ |
| 大卒就職 | —（斡旋は行わない） | | × | ○ |

が表しているように、大学の介入がない自由な市場である。晩期においても自由な市場は存在するが（「WWW・葉書・先輩」とは異なる方法、たとえば求人広告によるマッチングが行われる）、大学就職部による就職斡旋が新たにここで登場する。これまでの大卒就職研究は、OBOG・リクルーターによる就職が早期で行われていたことからもわかるように、早期に焦点を当ててきたので、晩期に行われている大学就職部の就職斡旋にあまり注目してこなかった。

以上の議論と高卒就職における状況を合わせて表にしたのが、表終-2である。×が選抜を行わないこと、○が選抜を行うこと、というのは表終-1と同じである。大卒就職の早期は大学就職部による就職斡旋が基本的には行われないので、非該当の意味でダッシュ（—）が書かれている。大卒就職の晩期においては大学就職部による就職斡旋が行われるので、表終-1と同様「学生の選抜」が×で「企業の選抜」が○となっている。高卒就職においては早期晩期とも一貫して学生も企業も選抜するので、「学生の選抜」「企業の選抜」の双方に○が記入されている。ただし、最晩期では後述するように高校でも学生（生徒）の選抜を断念するかもしれないこともあって、単に○を記入するだけでなく「→×」を付け加えて○→×という表記とした。

ところで、この「晩期」という場はどういう場なのか。第一に、早期とは求人の質が異なる。第六章で明らかにしたように、晩期は全体として見れば早期よりも条件の悪い求人が多く、第三章で明らかにしたように、その中でも条件が良い求人は存在するが、それは知名度が低く良さを説明しなければならないような求人である。第二に、卒業が間近であるということがあげられる。

大学が学生の選抜を行わない理由の一つには、晩期が持つこのような二つの特徴があると言えるだろう。晩期において大学が持っている求人は、客観的には良い求人かもしれないが、第三章で明らかにしたように知名度が低いので、希望者が殺到するということはなくそれゆえわざわざ選抜をする必要がない。また、卒業を間近にすればするほど無業で卒業させてはいけないという配慮が働いて、とにかく選ばずに学生を斡旋するということが起きていることが推察される。(7)

他方、高卒就職においても晩期がありうるが、大卒就職と高卒就職では事情が異なる面もある。学校推薦という制度を名実共に残している高卒就職においては、晩期でも「推薦」の面目を保つため「学生の選抜」を行うかもしれない。この点は同じ晩期においても大卒就職と高卒就職が異なる点である。とはいえ、おそらく高卒就職でも最晩期になるほど、無業で卒業させてはいけないという大卒就職と同様の理由で「学生の選抜」を行わない斡旋が登場するということも理論的に予想される。このことを表現したのが表終-2の○→×である。

もう一点、斡旋業務を行う主体が高校と大学では異なることに注目しておく必要がある。高卒就職の場合は教員で、大卒就職の場合は職員であるという点も高卒就職と大卒就職では事情を異にさせている可能性がある。高校教員は普段から生徒に接していて選抜するための情報を豊富に持っているので、生徒を選ぶということがたやすくできる。他方で大学職員は、とりわけ就職部職員ともなると就職活動の時期になって初めて学生との接点ができるケースも少なくなく、職員が学生の事情に通じているわけでは必ずしもない。そのため、選抜するための情報を欠き、大学就職部は簡単には学生を選抜できないのかもしれない。大学の就職部が高校と違って学生の選抜を行わない理由は、先ほど述べた理由以外にもこうした理由が重なって存在しているのかもしれない。

## 6　セーフティネットとしての大学就職部

ここまでの議論を踏まえ、大学就職部の就職斡旋が大卒就職においていかなる役割を果たしているかについて最後に議論をしよう。

労働市場における制度としての学校という関心からの社会学的研究は、ローゼンバウムや苅谷に代表されるように、制度が市場の効率性を阻害するかどうかにまずは焦点を当ててきた。つまり、制度が介入すると市場の効率性を損なうという経済学の通説に対して、社会学の立場から効率性が損なわれるかどうかを議論し、苅谷は日本の高卒就職についてみればむしろ効率性を促進している、ということを明らかにしてきた。

ただ、苅谷の研究について見れば、本書が提起した二つの理論的視点、すなわち「学生の選抜・企業の選抜」および「早期・晩期」という視点を導入すれば、「早期」の「学生の選抜」に主たる焦点を当ててきた研究と位置づけることができるだろう。

これに対して、本書が描く制度としての学校は、その位置づけが全く異なっている。本書の分析を踏まえれば、大学就職部の就職斡旋は次の三つの特徴を持つ。一つは、「学生の選抜」を行わないという点である。第五章で明らかにしたように、斡旋にあたって大学の成績や大学生活の過ごし方は制約条件とならないのだから、たとえ大学での成績が悪くても、また授業にあまり出席していなかったり課外活動にも取り組んでいなかったとしても、大学就職部による就職斡旋を受けることは可能である。このような意味で、大学就職部は学生に対して分け隔てなく対応を行っている。

第二に、「企業の選抜」を大学就職部は行う。学生に対して紹介する企業は、大学就職部の目から見て問題が少ないと思われる多少なりとも条件の良い企業である。第六章で見たように、大学就職部経由で就職した学生は、晩期において就職部の斡旋を受けなかった場合と比べて良好な条件の企業に就職しているのであった。早期と比べて条件の劣る企業の多い晩期において、大学就職部は学生に対して非常に条件の恵まれた求人を提示している。

第三に、大学就職部の就職斡旋は晩期において行われる。晩期においてなおも就職活動を続けているのは、早期という市場において内定獲得を得ることなく過ごしてきた学生たちである。

この三つの特徴を重ね合わせると、ローゼンバウムや苅谷が論じてきた新規学卒市場における効率性を促進する存在としての学校とは異なる学校像が見えてくるだろう。それは、大学就職部のセーフティネットとしての役割である。ここでセーフティネットという言葉が意味するところは、自由な市場において不利な条件のもとにある人に、分け隔てすることなく手をさしのべ良好な条件を提供するということである。晩期という場は、早期と比べると良好な求人が少ない。晩期においてなおも就職活動を続けるということは、良好な求人を目指す上では非常に不利な条件下で活動をすることを意味する。そうした晩期でなおも活動を続ける学生に対し、大学就職部は分け隔てなく良好な条件の職の斡旋を行う。まさにセーフティネットとしての役割を果たしているのである。大卒労働市場は高卒労働市場と比べれば自由であることは間違いないが、そうした自由な市場において失敗した学生を救う保護回路として大学就職部が機能していると見て良いだろう。第三章で明らかにしたように、当の大学就職部はセーフティネットとしての機能を果たすことだけを目的に活動をしているわけではなく、動機の背景には大学経営上の問題もあるのだが、結果としてはセーフティネットとしての機能を果たすのに成功している。(8)

学校から職業へのトランジッションにおいては、「コンピテンシー」「エンプロイアビリティ」「社会人基礎力」といったものをキャリア教育を通じて高めることが必要だというような議論がここ数年多く見られるようになった。本書で明らかにした大学就職部による就職斡旋は、こうしたキャリア教育が登場する以前から行われている、言ってみればオールドファッションな活動である。だが、この大学就職部の就職斡旋こそが、「コンピテンシー」や「エンプロイアビリティ」や「社会人基礎力」などを高めるのとは別の方法で、求人と求職を媒介するという方法によって、不利な学生を救っている。このことの意義は決して小さくはないだろう。また近年、学校による就職斡旋を廃止した方が良いという議論が見受けられるが、(9) その議論は高卒就職の早期において行われる斡旋が学校による就職斡旋のすべてであるかのような誤った前提に立っている。これは、学校による就職斡旋を過小評価して見ているように思える。本書で見たようなセーフティネットとしての機能が大学就職部にはあることを考えると、そのような議論には与することはできないし、むしろ就職活動シーズン晩期における大学就職部の就職斡旋を今後も続けていく必要性の方が大きいように思われる。就職斡旋は、地味で手間暇がかかる面倒な取り組みかもしれないが、それによって救われている学生は少なくない。晩期における就職斡旋の充実こそが、まだあまり注目をされていないけれども取り組む価値のある「大学就職部にできること」だと私は信じている。

注

(1)具体的な条文は以下のとおりである。
第五条の五　公共職業安定所及び職業紹介事業者は、求人の申込みはすべて受理しなければならない。ただし、その申込みの内容が法令に違反するとき、その申込みの内容である賃金、労働時間その他の労働条件が通常の労働条件と比べて著しく不適当であると認めるとき、又は求人者が第五条の三第二項の規定による明示をしないときは、その申込みを受理しないことができる。

第五条の六　公共職業安定所及び職業紹介事業者は、求職の申込みはすべて受理しなければならない。ただし、その申込みの内容が法令に違反するときは、これを受理しないことができる。

(2)高校生を指す言葉としては「生徒」を用いることが慣例になっているが、生徒と学生を併記すると煩雑になることから、以下では生徒や学生を選抜することを「学生の選抜」と略記する。

(3)高卒就職においては、学校が企業から職業選抜を委ねられて「学校内での予備的職業選抜」を行い、企業へ推薦する生徒を決定する（苅谷 1991）。求職申込の場面で、教員は生徒に対しさまざまな働きかけを行う。推薦基準をそれとなく学生に伝えることで生徒自ら志望を変更するよう仕向けるという、いわゆる自己選抜を促したり、あるいは進路に関する個人面談の場で直接に推薦基準に達していないことが告げられたりする。そのような選抜のプロセスを経て基準に達した者だけが、企業側へと推薦される。

(4)二〇〇〇年三月に「若年者の雇用・失業等に関する総合的な調査研究」研究会と三和総合研究所が行った労働省委託「高等学校の就職指導に関する調査」は、就職希望者が三〇名以上で全校生徒の過半数を占める全国の高等学校（一〇六九校）の進路指導担当者を対象に行われたものであるが、その結果によれば、「進路指導を行う際の基本方針として、次のようなことはどの程度重視していますか」という質問の「賃金・労働時間など労働条件の良いところに就職させること」という項目に対する回答は、「非常に重視する」と「やや重視する」の合計が六一・四%に達していた。このことは、高校の進路指導担当教員が無差別に機械的に求人企業を紹介するのではなく、求人企業の中から賃金や労働時間などの良い企業を選ぶという、言わば「企業の選抜」を行った上で生徒に紹介していることを物語っている。

(5)同じ「学校による就職斡旋」でありながら大学と高校で「学生の選抜」の有無の違いが生じるのは、第二章で見たように大卒就職が基本的には自由応募制で行われていることと深く関係していると思われる。高卒就職において企業が「学校内の予備的選抜」を学校に期待するのは、苅谷（1991）も述べるように就職協定と一人一社制の存在によるところが大きい。つまり、解禁日に向けて希少な求人への生徒の配分調整をするために学校は事前に選抜を行う。ところが大卒就職の場合には、厳格な就職協定は存在していないし、一人一社制のようなルールも存在していない。大学就職部による斡旋は、高卒就職のように就職協定解禁日に向けて計画的なスケジュールに基づいて行われるというよりも、企業から求人の申込があればその都度対応するというかたちで行われる。したがって、企業は学生の選抜を大学にゆだねる必要性が薄い。しかも、第三章第5節で紹介したH大学A職員が言うように大学の成績が人材を分別するのに適切でないのなら、なおさら企業は大学へ選抜をゆだねないであろう。

(6)さらに付け加えて言うならば、一九七〇年代まで行われていた大学就職部による就職斡旋の位置づけも本書の分析を通じて可能になったと言える。当時の斡旋が果たしていた役割は、高卒就職のそれとほぼ同じと考えて良いだろう。

(7)きちんと選ばずに質の悪い学生を紹介したら企業が求人を送らなくなるのではないか、という疑念があるかもしれないが、大学就職部による斡旋は「学校推薦」というかたちをとっているわけではなく、最終的な採否の判断は企業が行っているので、大学は厳密に選抜することから逃れられていると考えられる。

(8)ここで「失敗した」というのは、実際に企業を受けて落ちた経験があるということを意味するのではなく、就職活動の早期において内定を得ていないという事実そのものを指す。「失敗した」の中には、早期の段階で活動をせず晩期から活動を始めるような学生も含める。

(9)本田（2005a: 194）は、「教育機関が学生・生徒に就職先を斡旋・紹介する慣行を将来的には廃止する」ことが必要だと述べている。このとき批判の対象になっているのは、「学校と企業との組織間連携がもたらす表面的効率性を特徴とする従来の「学校経由の就職」」である。本書の言葉を使えば、高卒就職の早期において行われている斡旋が批判の対象になっている。

# あとがき

本書は、私が東京大学大学院教育学研究科に提出した博士論文『新規大卒労働市場におけるセーフティネットとしての大学就職部』に対して加筆修正したものである。博士論文を本にする場合A5判にすることが多いが、編集者の松野さんと相談して本書は一回り小さい四六判とすることにした。こうした方が、研究者以外のより多くの方に手にとって読んでいただけるのではないかと思ったからである。ただ、肝心の文章の方がやや堅い論文調のものがところどころ残ってしまっていて、一般の読者の方にはご不便をおかけしたかもしれない。どうかご容赦いただきたい。

本書は、インタビュー調査と文書資料をもとに第二章と第三章で全体像を描いた上で、第四章から第六章までの大規模調査に基づく量的分析で裏付けを取る、という構成になっている。その意味で、インタビュー調査と文書資料で描いた絵がどれだけ説得力があるかが、本書の価値を左右すると言っても過言ではない。第三章ではインタビュー調査で就職部職員の方からお聞きした話を私なりに理解して全体像を描いたつもりであるが、関係者の方、特に大学就職部の現場で働いておられる方でお気づきの点があれば、是非ご意見をお寄せいただければと思う。

また、本書が題材とするのは大学就職部であるが、就職斡旋において斡旋機関としての学校が「学生の選抜」と「企業の選抜」の両方をなし得るという知見、また労働市場におけるマッチングは時間とともにその様態を変化しうるという知見は、応用の利く見方ではないかと私自身は思っている。今回は高卒と大卒とを比べながら議論を展開したが、新卒市場としては他にもまだ十分に研究の進んでいない専門学校卒市場などがあるので、今後はそうした新しい方向でも研究を進めていけたらいいなと思っている。

さて、本書が完成するまでには、本当に多くの方にお世話になった。博士論文の主査であった苅谷剛彦先生、そして審査に加わってくださった下山晴彦先生、橋本鉱市先生、石田浩先生、佐藤香先生にまずはお礼を申し上げたい。主査の苅谷先生には、大学院入学からお世話になりっぱなしであった。研究会への参加をお認めいただき、さらには博士論文の主査をもお引き受けいただき心よりお礼を申し上げる。

また、いま私が在籍している東京大学社会科学研究所の石田浩先生、佐藤香先生、三輪哲さんには、社会科学研究所パネル調査プロジェクトにお誘いいただき、また論文執筆時にはとても丁寧なアドバイスをいただいた。特に、石田先生と三輪さんは毎週水曜日に昼食を取りながら「お昼のお楽しみ会」と称する会を開いて私の論文の進捗状況をチェックしてくださった。お二人ともお忙しいなか時間を割いてくださっているのに、こちらの作業はちっとも進んでいないことが多々あり、本当にご迷惑をおかけしてしまった。「お昼のお楽しみ会」では、社会科学研究所パネル調査プロジェクトのメンバーである菅万里さん、村上あかねさん、有田伸先生、田辺俊介さんからも貴重なコメントをいただいた。

苅谷先生を中心として開催されていた就職研という研究会では、平沢和司先生、本田由紀先生、中村高康先生をはじめとしてメンバーの皆様には大変お世話になった。インタビュー調査はメンバー全員で分担して実施したが、濱中義隆さんと堀健志さんは当時若手職持ちだったこともあって大学院生であった私の面倒見役をすることになり、他の先生方より多めに調査にお付き合いいただくことになった。皆様に改めてお礼を申し上げたい。

博士論文執筆の際には、研究室の先輩後輩の方々にもお世話になった。私より先に博士論文を書き上げていた濱中淳子さんには、論文の仕上げ方などでずいぶん相談に乗っていただいた。また、当時教育学部生だった小川和孝さんには、資料の収集整理のお手伝いをしてもらった。『就職ジャーナル』誌を閲覧するのに都立中央図書館にこもったりもしたが、文句も言わずお手伝いをいただいた。記して感謝したい。

他にも、ここにお名前をあげることのできない数多くの先生方にも大変お世話になった。また、本書を刊行する機会を作ってくださった勁草書房の松野菜穂子さんにも厚くお礼を申し上げたい。

インタビュー調査にご協力いただいた大学就職部職員の皆様、また東京大学社会科学研究所のパネル調査（働き方とライフスタイルに関する全国調査）の調査対象者の皆様のご厚意がなければ、本書の基となるデータを作り上げることはできなかった。調査へのご協力に改めて感謝申し上げたい。

なお、本書第一章第7節は「大卒就職をめぐる最近の論点——活動開始後倒しと卒後3年新卒化」（『研究所ニュースねざす』第六八号、神奈川県高等学校教育会館教育研究所、二〇一一年）を加筆修正したものである。この文章は、児美川孝一郎編『これが論点！ 就職問題』（日本図書センター、二〇一二年）に収録していただいた。また、第六章の一部は、「大学就職部の斡旋機能とその効果」（苅谷剛彦・本田由紀編『大卒就職の社会学——データからみる変化』東京大学出版会、二〇一〇年）として既に発表している。

二〇一二年五月

大島　真夫

# 索　引


ア　行

斡旋機関　11, 30, 201
インターネット　3, 60, 61, 66, 67, 138, 139, 146, 148, 151, 196
エントリー　3, 67, 138, 139, 148, 196
エントリーシート　60, 107, 196
大人への移行　19, 21

カ　行

会社訪問　48, 53-56, 58, 59, 63, 66
ガイダンス　37, 55, 62-67, 75, 86, 88, 89, 92, 103, 104, 112, 196
学生（生徒）の選抜　11, 14, 75, 93, 97, 101, 160, 164, 193, 200, 205-214
学歴社会論　111, 170
学校から職業へのトランジッション（研究）　13, 15, 16, 18, 19, 21, 23, 30, 195, 200, 201, 203, 204, 215
学校推薦　93-95, 101, 110, 208, 212
学校による就職斡旋　5, 7, 8, 10, 11, 14, 132, 133, 150, 159, 160, 205, 206, 216
苅谷剛彦　11-13, 15-17, 19, 30, 111, 168, 203, 205, 213, 214, 216
間断　27, 29, 164, 171, 172, 174-180, 182, 184, 186, 189, 191, 199, 200
企業の選抜　11, 12, 93, 97, 101, 193, 197, 202, 205-211, 214
キャリアセンター　1, 3, 119, 203
求人開拓　40, 44, 76, 79, 80, 101, 197, 202
求人票公開　45, 56-58, 75, 81
求人申込　44, 45, 47-49, 74-76, 92, 203
教育的配慮　14, 85, 93, 97, 100, 101, 197, 206
経由　29, 132-134, 138-142, 144-146, 148-151, 153, 154, 156, 158, 159, 163, 165, 175-180, 182-184, 188, 189, 191, 192, 208, 214
高卒就職　5, 10-13, 15, 16, 28, 77, 80, 85, 93, 118, 132, 133, 150, 159, 160, 164, 169, 172, 197, 201, 205, 209, 211-213, 216
高度経済成長　17, 51, 54

サ　行

実績関係　9, 16, 77, 205, 206
指定校制　6, 9, 17, 48, 53, 170
社研パネル調査　31, 32, 103, 115-120, 123, 126, 145, 146, 172, 199
自由応募制　9, 54-56, 58, 62, 97, 101, 103, 104, 170, 196, 203, 208, 210
就職活動シーズン　3, 29, 54, 59, 62-67, 75, 76, 87, 97, 103, 104, 132, 148, 168, 196, 216
就職協定　5, 16, 17, 42-45, 47, 48, 54-56, 58-63, 66

就職研　30, 111
就職指導　6, 19, 25, 55, 100, 101, 113, 118, 127, 128, 189, 191
就職支援WWW（ウェブ）サイト　3, 139, 167
就職ジャーナル　56, 60, 61
職業安定法　42, 43, 202
初職　27, 32, 66, 117, 146, 150, 163-172, 174-180, 183, 184, 186, 188, 189, 191, 192
資料請求ハガキ　3, 56-59, 67, 138, 148, 196
新規学卒一括採用　27
新規学卒労働市場　4, 18, 20, 21, 28, 30, 204, 205, 207
人事課　41
制度的リンケージ　16, 77
生徒の選抜→学生（生徒）の選抜
セーフティネット　30, 193, 195, 213, 215, 216
先輩訪問→OB（先輩）訪問
専門学校（旧制）　39-42
早期　29, 59-62, 64-67, 87, 103, 104, 132, 133, 138-140, 145, 146, 148-150, 153, 154, 159, 160, 168, 174, 175, 177, 179, 183, 191, 192, 196, 198-200, 207, 210-212, 214-216

タ　行
第一次世界大戦　39, 42
大学（旧制）　38-42
大学進学率　52, 53
大学生活　33, 113, 115, 116, 120-127, 133, 144, 146, 149, 154, 156, 158-160, 164, 169, 172, 174, 180, 184, 186, 188, 189, 191-193, 198-200, 214
大学第一世代　113-117, 121-127, 153, 154, 174, 186, 198
大学令　38-41, 51, 63

ナ　行
日本経団連　26, 34
入職経路　7, 33, 66, 134-136, 138, 140-142, 144-146, 148-151, 154, 156, 163, 165-167, 169-172, 174, 175, 178-180, 182, 184, 186, 188, 191, 192

ハ　行
晩期　29, 59-61, 63-67, 75, 76, 87, 88, 97, 103, 104, 132, 133, 139, 140, 146, 148-151, 153, 154, 156, 158-160, 168, 175-180, 182-184, 188, 191-193, 196, 198-200, 207, 210-212, 214-216
非正規　27, 32, 164, 169, 170, 172, 174-177, 179, 180, 182-184, 186, 188, 189, 191
保護者　6, 98, 100, 101, 112, 197
本田由紀　7-11, 13-15, 23-25

マ　行
マッチング　16, 17, 204, 205, 207, 208, 211
未熟　85, 93, 97, 202

ヤ　行
山名次郎　40

ラ　行
リクルートブック　3, 33
利用　29, 64, 65, 103-107, 110-113, 115-128, 134, 148, 149, 151, 153, 154, 156, 158, 159, 163, 176-179, 182-184, 188, 198, 199
良好な条件の職　11, 81, 82, 84-86, 91-93, 101, 160, 161, 199, 200, 215
リンケージ　204

アルファベット
JIL1993 年調査　106, 107, 110, 135, 136, 138, 140, 141, 145, 166, 169, 170
JIL1993 年調査・追跡調査　135, 166, 169-171
JIL1998 年調査　106, 107, 110, 135, 136, 138, 141, 144, 145
JIL1998 年調査・追加調査　135, 138, 167
JILPT2005 年調査　106, 107, 110, 112, 119, 135, 136, 138-140, 171
JILPT2005 年調査・追跡調査　135, 136, 138-140, 142, 144, 145, 167, 169
OB（OG）・リクルーター　9, 10, 17, 18, 138, 139, 148, 196, 203, 208, 211
OB（先輩）訪問　56-59, 67, 82

# 文　献


Abegglen, C. James, 1958, *The Japanese Factory: Aspects of Its Social Organization,* Free Press（山岡洋一訳，2004，『日本の経営〈新訳版〉』日本経済新聞社）

天野郁夫，1982,『教育と選抜』第一法規出版

天野郁夫，1984,「就職」慶伊富長編『大学評価の研究』東京大学出版会

天野郁夫ほか，1988,『高等学校の進路分化機能に関する研究』トヨタ財団助成研究報告書

中央大学百年史編集委員会専門委員会，2004，『中央大学百年史年表・索引編』学校法人中央大学

大学職業指導研究会，1979,『大学職業指導研究会 10 周年記念　大学と職業　大学教育における職業指導』

同志社社史史料編集所，1979a,『同志社百年史資料編二』同志社

同志社社史史料編集所，1979b,『同志社年表（未定稿）』同志社社史史料編集所

玄田有史，2001,『仕事のなかの曖昧な不安』中央公論新社

玄田有史・曲沼美恵，2004，『ニート――フリーターでもなく失業者でもなく』幻冬舎

Granovetter, Mark, 1974, *Getting a Job,* Harvard University Press

濱中義隆，2007,「現代大学生の就職活動プロセス」小杉礼子編『大学生の就職とキャリア――「普通」の就活・個別の支援』勁草書房，17-49 頁

平野秋一郎，1991,「就職協定の歴史と今日の採用活動状況」『季刊労働法』159 号，75-85 頁

平沢和司，2005,「大学から職業への移行に関する社会学的研究の今日的課題」『日本労働研究雑誌』No.542，29-37 頁

平沢和司，2007,「学校から職業への移行　解説」本田由紀・平沢和司編『リーディングス日本の教育と社会第 2 巻　学歴社会・受験競争』日本図書センター，149-154 頁

本田由紀，1998,「実績関係の実態と変化」日本労働研究機構『調査報告書 No.114 新規高卒労働市場の変化と職業への移行の支援』，83-105 頁

本田由紀，2001,「1人1社制の存立基盤とその揺らぎ」『日本労働研究雑誌』No.489, 30–31頁
本田由紀，2005a,『若者と仕事――「学校経由の就職」を超えて』東京大学出版会
本田由紀，2005b,『多元化する「能力」と日本社会――ハイパー・メリトクラシー化のなかで』NTT出版
本田由紀・平沢和司編，2007,『リーディングス日本の教育と社会第2巻 学歴社会・受験競争』日本図書センター
堀有喜衣，2000a,「進路指導の実態・評価とその影響」日本労働研究機構『調査研究報告書No.138 進路決定をめぐる高校生の意識と行動――高卒「フリーター」増加の実態と背景』133–155頁
堀有喜衣，2000b,「青年文化と進路展望」耳塚寛明『高卒無業者の教育社会学的研究』40–48頁
堀有喜衣，2007a,「大学の就職・キャリア形成支援の現状と課題」小杉礼子編『大学生の就職とキャリア――「普通」の就活・個別の支援』勁草書房，51–75頁
堀有喜衣，2007b,「大学生の正社員への移行支援における相談機能の効果――大学の選抜性と支援」労働政策研究・研修機構『労働政策研究報告書No.78 大学生と就職――職業への移行支援と人材育成の視点からの検討』，33–52頁
堀有喜衣，2007c,「若者の教育から職業への移行における「格差」形成――日本型選抜の趨勢と支援」『教育社会学研究』第80集，80–99頁
堀有喜衣，2008,「『実績関係』と高校進路指導の多様化」労働政策研究・研修機構『労働政策研究報告書No.97「日本的高卒就職システム」の変容と模索』，56–96頁
法政大学百年史編纂委員会，1980,『法政大学百年史』法政大学
井上義和，2004,「大学第一世代の文化的条件――進学程度・高校成績・両親学歴による差異の分析」濱名篤『ユニバーサル高等教育における導入教育と学習支援に関する研究（平成13～15年度科学研究費補助金基盤研究（B)(1) 研究成果報告書)』関西国際大学人間学部，125–137頁
石田浩，2000,「高等学校の就職指導と高卒者の就職」雇用・能力開発機構『若年者の雇用・失業等に関する総合的な調査研究報告書』，67–93頁
石田浩，2001,「高校が関与した就職指導・あっせんと『自由化』論争」『日本労働研究雑誌』No.489, 32–33頁

石田浩・三輪哲・大島真夫, 2008,「東京大学社会科学研究所のパネル調査について――働き方とライフスタイルの変化に関する全国調査（JLPS）2007の結果から」『中央調査報』No.604, 1-7頁

石田浩・三輪哲・村上あかね, 2009,「「働き方とライフスタイルの変化に関する全国調査（JLPS）2008」にみる現代日本人のライフスタイルと意識」『中央調査報』No.616, 1-7頁

岩永雅也, 1983,「若年労働市場の組織化と学校」『教育社会学研究』第38集, 134-145頁

岩永雅也, 1984,「新規学卒労働市場の構造に関する実証的研究」『大阪大学人間科学部紀要』第10巻, 245-276頁

岩内亮一, 1995,「『就職活動プロセス』の質的側面」苅谷剛彦編『大学から職業へ――大学生の就職活動と格差形成に関する研究』広島大学大学教育研究センター, 14-24頁

岩内亮一・平沢和司, 1998,「変容過程の大卒労働市場」岩内亮一・苅谷剛彦・平沢和司編『大学から職業へII――就職協定廃止直後の大卒労働市場』広島大学大学教育研究センター, 1-10頁

岩内亮一・平沢和司・中村高康, 1998,「就職活動の過程―― 93, 97年度の比較を中心に」岩内亮一・苅谷剛彦・平沢和司編『大学から職業へII――就職協定廃止直後の大卒労働市場』広島大学大学教育研究センター, 11-20頁

岩内亮一・苅谷剛彦・平沢和司編, 1998,『大学から職業へII――就職協定廃止直後の大卒労働市場』広島大学大学教育研究センター

岩内亮一・苅谷剛彦, 1995,「大卒就職研究の視座」苅谷剛彦編『大学から職業へ――大学生の就職活動と格差形成に関する研究』広島大学大学教育研究センター, 1-13頁

苅谷剛彦, 1991,『学校・職業・選抜の社会学――高卒就職の日本的メカニズム』東京大学出版会

苅谷剛彦, 1995,「就職プロセスと就職協定」苅谷剛彦編『大学から職業へ――大学生の就職活動と格差形成に関する研究』広島大学大学教育研究センター, 25-41頁

苅谷剛彦, 1998,「就職活動と大学教育」岩内亮一・苅谷剛彦・平沢和司編『大学から職業へII――就職協定廃止直後の大卒労働市場』広島大学大学教育研究センター, 53-64頁

苅谷剛彦編, 1995,『大学から職業へ――大学生の就職活動と格差形成に関

する研究』広島大学大学教育研究センター
苅谷剛彦・濱中義隆・大島真夫・林未央・千葉勝吾，2003,「大都市圏高校生の進路意識と行動――普通科・進路多様校での生徒調査をもとに」『東京大学大学院教育学研究科紀要』第 42 巻，33-63 頁
苅谷剛彦・本田由紀編，2010,『大卒就職の社会学――データからみる変化』東京大学出版会
苅谷剛彦・沖津由紀・吉原恵子・近藤尚・中村高康，1992,「先輩後輩関係に“埋め込まれた”大卒就職」『東京大学教育学部紀要』第 32 巻，89-118 頁
Kariya,Takehiko and James Rosenbaum, 1995, “Institutional Linkage between Education and Work as Quasi-Internal Labor Market”, *Research in Social Stratification and Social Mobility,* vol.14, pp.99-134
苅谷剛彦・菅山真次・石田浩編，2000,『学校・職安と労働市場――戦後新規学卒市場の制度化過程』東京大学出版会
苅谷剛彦・粒来香・長須正明・稲田雅也，1997,「進路未決定の構造――高卒進路未決定者の析出メカニズムに関する実証的研究」『東京大学大学院教育学研究科紀要』第 37 巻，45-76 頁
河野銀子，2003,「大学大衆化時代における‘First-Generation’の位相」『山形大学紀要（教育科学）』第 13 巻 2 号，33-49 頁
慶伊富長編，1984,『大学評価の研究』東京大学出版会
慶應義塾職員会編，1960,『塾監局小史』慶應義塾職員会
経済産業省，2006,『社会人基礎力に関する研究会中間とりまとめ報告書』
小林雅之，1988,「高卒労働市場の構造」天野郁夫ほか『高等学校の進路分化機能に関する研究』トヨタ財団助成研究報告書，152-170 頁
小池和男・渡辺行郎，1979,『学歴社会の虚像』東洋経済新報社
國學院大學八十五年史編纂委員会，1970,『國學院大學八十五年史』國學院大學
小杉礼子，1994,「大学卒業時の就職行動」日本労働研究機構『調査研究報告書 No.56 大学就職指導と大卒者の初期キャリア（その 2）―― 35 大学卒業者の就職と離転職』，22-47 頁
小杉礼子，1996,「学校から職業への移行と進路指導の評価」日本労働研究機構『調査研究報告書 No.89 高卒者の初期キャリア形成と高校教育――初期職業経歴に関する追跡調査結果』，129-146 頁
小杉礼子，2000,「フリーター志向と進路展望」耳塚寛明『高卒無業者の教

育社会学的研究』, 49-53 頁
小杉礼子, 2001,「日本大卒者の移行特性をめぐる検討」日本労働研究機構『調査研究報告書 No.143 日欧の大学と職業――高等教育と職業に関する12 カ国国際比較調査結果』, 43-80 頁
小杉礼子, 2003,『フリーターという生き方』勁草書房
小杉礼子, 2007,「大卒者の早期離職の背景」小杉礼子編『大学生の就職とキャリア――「普通」の就活・個別の支援』勁草書房, 155-214 頁
小杉礼子編, 2002,『自由の代償／フリーター』日本労働研究機構
小杉礼子編, 2005,『フリーターとニート』勁草書房
小杉礼子編, 2007,『大学生の就職とキャリア――「普通」の就活・個別の支援』勁草書房
厚生労働省職業能力開発局, 2001,『エンプロイアビリティの判断基準等に関する調査研究報告書』
雇用・能力開発機構, 2000,『若年者の雇用・失業等に関する総合的な調査研究報告書』雇用・能力開発機構
Loo, P. van de, Meng, C., and Velden, R. van der, 2003,「日本とオランダにおける高等教育機関と卒業後の収益」日本労働研究機構『調査研究報告書 No.162 高等教育と職業に関する日蘭比較――高等教育卒業者調査の再分析』, 55-73 頁
耳塚寛明, 2000,『高卒無業者の教育社会学的研究』
耳塚寛明, 2003,「進路指導の実態と評価」日本労働研究機構『調査研究報告書 No.154 学校から職場へ――高卒就職の現状と課題』, 41-64 頁
文部科学省, 2001,『高校生の就職問題に関する検討会議報告』
文部科学省・厚生労働省, 2002,『「高卒者の職業生活の移行に関する研究」最終報告』
文部省高等教育局, 1992,「就職協定について」『大学と学生』320 号, 46-52 頁
諸田裕子, 2000,「進路としての無業者――教師の認識と指導「理論」」耳塚寛明『高卒無業者の教育社会学的研究』, 23-32 頁
長須正明, 2000,「無業者をめぐる進路指導と教育観」耳塚寛明『高卒無業者の教育社会学的研究』, 12-22 頁
内閣府, 2003,『平成 15 年版国民生活白書』ぎょうせい
中村高康, 1993,「就職協定の変遷と規制の論理――大卒就職における「公正」の問題」『教育社会学研究』第 53 集, 111-130 頁

中村高康，1995,「就職プロセスにおけるアスピレーション冷却と正当化」苅谷剛彦編『大学から職業へ――大学生の就職活動と格差形成に関する研究』広島大学大学教育研究センター，42-56 頁
National Center for Education Statistics, 2005, *First-Generation Students in Postsecondary Education,* U.S. Department of Education
日本大学百年史編纂委員会，2000,『日本大学百年史第二巻』学校法人日本大学
日本労働研究機構，1990,『調査研究報告書 No.4 高卒者の進路選択と職業志向』日本労働研究機構
日本労働研究機構，1992a,『調査研究報告書 No.28 高卒 3 年目のキャリアと意識――初期職業経歴に関する追跡調査（第 2 回）より』日本労働研究機構
日本労働研究機構，1992b,『調査研究報告書 No.33 大学就職指導と大卒者の初期キャリア』日本労働研究機構
日本労働研究機構，1994,『調査研究報告書 No.56 大学就職指導と大卒者のキャリア（その 2)―― 35 大学卒業者の就職と離転職』日本労働研究機構
日本労働研究機構，1995,『調査研究報告書 No.64 大卒者の初期キャリア形成――「大卒就職研究会」報告』日本労働研究機構
日本労働研究機構，1996,『調査研究報告書 No.89 高卒者の初期キャリア形成と高校教育――初期職業経歴に関する追跡調査結果』日本労働研究機構
日本労働研究機構，1998,『調査研究報告書 No.114 新規高卒労働市場の変化と職業への移行の支援』日本労働研究機構
日本労働研究機構，1999,『調査研究報告書 No.129 変化する大卒者の初期キャリア――「第 2 回大学卒業後のキャリア調査」より』日本労働研究機構
日本労働研究機構，2000a,『調査研究報告書 No.136 フリーターの意識と実態―― 97 人へのヒアリング結果より』日本労働研究機構
日本労働研究機構，2000b,『調査研究報告書 No.138 進路決定をめぐる高校生の意識と行動――高卒「フリーター」増加の実態と背景』日本労働研究機構
日本労働研究機構，2001,『調査研究報告書 No.143 日欧の大学と職業――高等教育と職業に関する 12 カ国比較調査結果』日本労働研究機構

日本労働研究機構, 2003a,『調査研究報告書 No.154 学校から職場へ――高卒就職の現状と課題』日本労働研究機構
日本労働研究機構, 2003b,『調査研究報告書 No.162 高等教育と職業に関する日蘭比較――高等教育卒業者調査の再分析』日本労働研究機構
西澤弘, 1998,「高卒求職システムと就職先決定プロセス」日本労働研究機構『調査研究報告書 No.114 新規高卒労働市場の変化と職業への移行の支援』, 68-82 頁
野村正實, 2007,『日本的雇用慣行――全体像構築の試み』ミネルヴァ書房
小方直幸, 2001,「コンピテンシーは大学教育を変えるか」『高等教育研究』第 4 集, 113-134 頁
尾崎盛光, 1967a,『日本就職史』文藝春秋
尾崎盛光, 1967b,『就職――商品としての学生』中央公論社
Pascarella, Ernest T. and Terenzini, T. Patrick, 2005, *How college affects students: a third decade of research 2nd ed.*, Jossey-Bass
Pascarella, Ernest T., Christopher T. Pierson, Gregory C. Wolniak, Patrick T. Terenzini, 2004, 'First-Generation College Students: Additional Evidence on College Experiences and Outcomes' *The Journal of Higher Education,* Vol.75, No.3, Ohio State University Press, pp.249-284
リクルート,『就職ジャーナル』各号
労働政策研究・研修機構, 2006,『JILPT 調査シリーズ No.17 大学生の就職・募集採用活動等実態調査結果Ⅱ「大学就職部／キャリアセンター調査」及び「大学生のキャリア展望と就職活動に関する実態調査」』労働政策研究・研修機構
労働政策研究・研修機構, 2007,『労働政策研究報告書 No.78 大学生と就職――職業への移行支援と人材育成の視点からの検討』労働政策研究・研修機構
労働政策研究・研修機構, 2008,『労働政策研究報告書 No.97「日本的高卒就職システム」の変容と模索』労働政策研究・研修機構
下村英雄, 1999,「大卒男子の離転職行動の実態と意識」日本労働研究機構『調査研究報告書 No.129 変化する大卒者の初期キャリア――「第 2 回大学卒業後のキャリア調査」より』, 39-76 頁
菅山真次, 2011,『「就社」社会の誕生』名古屋大学出版会
菅野和夫, 2010,『労働法〔第 9 版〕』弘文堂
竹内洋, 1995,『日本のメリトクラシー――構造と心性』東京大学出版会

粒来香，1997,「高卒無業者の研究」『教育社会学研究』第 61 集，185-209 頁
筒井美紀，1998,「就職プロセスの変容——時間的観点を中心に」岩内亮一・苅谷剛彦・平沢和司編『大学から職業へII——就職協定廃止直後の大卒労働市場』広島大学大学教育研究センター，21-32 頁
Vogel, Ezra F., 1979, *Japan as Number One,* Harvard University Press（広中和歌子・木本彰子訳，2004,『新版ジャパンアズナンバーワン』阪急コミュニケーションズ）
若林幸男，2007,『三井物産人事政策史 1876 〜 1931 年——情報交通教育インフラと職員組織』ミネルヴァ書房
Williamson, Oliver E., 1975, *Markets and Hierarchies: Analysis and Antitrust Implications,* Free Press（浅沼萬里・岩崎晃弘訳，1980,『市場と組織』日本評論社）
安田雪，2003,『働きたいのに…高校生就職難の社会構造』勁草書房
吉本圭一，1992,「初期キャリアのパターンと職業生活」日本労働研究機構『調査研究報告書 No.28 高卒 3 年目のキャリアと意識——初期職業経歴に関する追跡調査（第 2 回）より』22-45 頁
吉本圭一，1994,「初職・離転職・キャリア」日本労働研究機構『調査研究報告書 No.56 大学就職指導と大卒者の初期キャリア（その 2)—— 35 大学卒業者の就職と離転職』，48-104 頁
吉本圭一，1995,「大学教育特性と就職・職業キャリアの関連性」日本労働研究機構『調査研究報告書 No.64 大卒者の初期キャリア形成——「大卒就職研究会報告』，82-101 頁
吉本圭一，2001,「大学教育と職業への移行——日欧比較調査結果より」『高等教育研究』第 4 集，113-134 頁
Xianglei Chen, and C. Dennis Carroll, 2005, *First-Generation Students in Postsecondary Education: A Look at Their College Transcripts,* National Center for Education Statistics

**著者略歴**
1974年生まれ
2006年　東京大学大学院教育学研究科博士課程
単位取得退学　博士（教育学）
現　在　東京大学社会科学研究所助教
主　著　「大学就職部の斡旋機能とその効果」苅谷剛彦・本田由紀編『大卒就職の社会学─データからみる変化』（2010, 東京大学出版会）

大学就職部にできること

2012年7月17日　第1版第1刷発行

著者　大《おお》島《しま》真《まさ》夫《お》
発行者　井村寿人
発行所　株式会社　勁《けい》草《そう》書房
112-0005　東京都文京区水道2-1-1　振替　00150-2-175253
（編集）電話 03-3815-5277／FAX 03-3814-6968
（営業）電話 03-3814-6861／FAX 03-3814-6854
本文組版 プログレス・平文社・ベル製本



ISBN978-4-326-65376-8　Printed in Japan



http://www.keisoshobo.co.jp